目　次
— Contents —

音声ファイル無料ダウンロード ……………………………………………… 2
はじめに ………………………………………………………………………… 3
HSK概要 ………………………………………………………………………… 4
HSK口頭試験の紹介 …………………………………………………………… 7

■ HSK口頭試験　初級

HSK口頭試験（初級）の内容と流れ ……………………………………… 12
● 各回の過去問題
　第1回～第5回 ……………………………………………………………… 18
　　　　　　　　　　　　　　　　　　　　　　　　　◎ 21SQ1～21SQ5
● 解答・解答例・放送内容スクリプト
　第1回 ………………………………………………………………………… 24
　　　　　　　　　　　　　　　　　　　◎ 21SQ1-kaito2～21SQ1-kaito3
　第2回 ………………………………………………………………………… 30
　　　　　　　　　　　　　　　　　　　◎ 21SQ2-kaito2～21SQ2-kaito3
　第3回 ………………………………………………………………………… 36
　　　　　　　　　　　　　　　　　　　◎ 21SQ3-kaito2～21SQ3-kaito3
　第4回 ………………………………………………………………………… 42
　　　　　　　　　　　　　　　　　　　◎ 21SQ4-kaito2～21SQ4-kaito3
　第5回 ………………………………………………………………………… 48
　　　　　　　　　　　　　　　　　　　◎ 21SQ5-kaito2～21SQ5-kaito3

■ HSK口頭試験　中級

HSK口頭試験（中級）の内容と流れ ……………………………………… 56
● 各回の過去問題
　第1回～第5回 ……………………………………………………………… 62
　　　　　　　　　　　　　　　　　　　　　　　　　◎ 21CQ1～21CQ5
● 解答・解答例・放送内容スクリプト
　第1回 ………………………………………………………………………… 68
　　　　　　　　　　　　　　　　　　　◎ 21CQ1-kaito2～21CQ1-kaito3
　第2回 ………………………………………………………………………… 74
　　　　　　　　　　　　　　　　　　　◎ 21CQ2-kaito2～21CQ2-kaito3
　第3回 ………………………………………………………………………… 80
　　　　　　　　　　　　　　　　　　　◎ 21CQ3-kaito2～21CQ3-kaito3
　第4回 ………………………………………………………………………… 86
　　　　　　　　　　　　　　　　　　　◎ 21CQ4-kaito2～21CQ4-kaito3
　第5回 ………………………………………………………………………… 92
　　　　　　　　　　　　　　　　　　　◎ 21CQ5-kaito2～21CQ5-kaito3

■ HSK口頭試験　高級

HSK口頭試験（高級）の内容と流れ ……………………………………… 100
● 各回の過去問題
　第1回～第5回 ……………………………………………………………… 106
　　　　　　　　　　　　　　　　　　　　　　　　　◎ 21KQ1～21KQ5
● 解答・解答例・放送内容スクリプト
　第1回 ………………………………………………………………………… 112
　　　　　　　　　　　　　　　　　　　◎ 21KQ1-kaito2～21KQ1-kaito3
　第2回 ………………………………………………………………………… 118
　　　　　　　　　　　　　　　　　　　◎ 21KQ2-kaito2～21KQ2-kaito3
　第3回 ………………………………………………………………………… 124
　　　　　　　　　　　　　　　　　　　◎ 21KQ3-kaito2～21KQ3-kaito3
　第4回 ………………………………………………………………………… 130
　　　　　　　　　　　　　　　　　　　◎ 21KQ4-kaito2～21KQ4-kaito3
　第5回 ………………………………………………………………………… 136
　　　　　　　　　　　　　　　　　　　◎ 21KQ5-kaito2～21KQ5-kaito3

🎧 音声ファイル無料ダウンロード

本書内の🎧の表示がある箇所の音声は、下記方法にて無料でダウンロードできます。

ダウンロードパスワード：**hskkako21k**

◇ 📱 スマホ・タブレットから

"App Store"、"Google Play ストア" で | HSK音声ポケット 🔍 | を検索して無料アプリをインストール

【手順】
① 「MY ポケット」ページの | 書籍を追加 | をタップ
② 「書籍一覧」ページで、ダウンロードする書籍をタップ
③ 「PW入力」ページに、ダウンロードパスワードを入力し、| ダウンロード | をタップ

◆ 💻 パソコンから

URL：**https://ch-edu.net/hsk_kakomon2021/**

【手順】
① 上記URLにアクセス
　（URLからアクセスする際は、検索欄ではなく、ページ上部のURLが表示されている部分に直接ご入力下さい。）
② アクセス先のページでダウンロードパスワードとメールアドレス等の必要事項を入力
③ ご入力いただいたメールアドレス宛にダウンロードページURLが記載されたメールが届く
　（自動送信の為、ご入力いただいたメールアドレスに必ずお送りしています。受信しない場合は、迷惑メールフォルダー等をご確認下さい。それでも受信していない場合は再度初めからご登録下さい。）
④ ダウンロードページにて音声（MP3）ファイルをダウンロード

※CDはご用意しておりませんのでご了承下さい。

はじめに

1. 本書について

○ 本書には、近年実施されたHSKの口頭試験（HSKK）初級・中級・高級それぞれ過去5回分の問題と解答例を収録しています。試験中の放送内容の音声は指示も含めすべて収録されていますのでご活用ください。音声ファイルのダウンロード方法については2ページ目をご覧下さい。

○ 各レベルの解答例のページには、問題文の和訳と解答例の和訳を掲載しております。口頭試験は御自分の発想で答える部分が多いので、これが完全な解答とは限りませんが、学習のお役に立てればと考え、掲載させていただきました。また、その解答例の音声も収録させていただきました。

　なお、全ての解答例は、中国教育部中外語言交流合作中心より提供されたのではなく、当社で作成しています。

○ 本書では、逐語訳を基本としていますが、訳文がなるべく自然な日本語となるよう、各文法要素が読み取れるような表現を使用しています。

2. 音声ファイルの内容について

○ 音声ファイルの内容は以下の通りです。

初級	問題（放送内容）	第1回～第5回	21SQ1～21SQ5
	解答例	第1回～第5回	21SQ1-kaito2～21SQ5-kaito3
中級	問題（放送内容）	第1回～第5回	21CQ1～21CQ5
	解答例	第1回～第5回	21CQ1-kaito2～21CQ5-kaito3
高級	問題（放送内容）	第1回～第5回	21KQ1～21KQ5
	解答例	第1回～第5回	21KQ1-kaito2～21KQ5-kaito3

※最初の数字21の後ろのアルファベットは級を表し、SQは初級、CQは中級、KQは高級を意味しています。
　アルファベットの次の数字は、問題（放送内容）の回数を表します。
　kaito（解答例）の後ろの数字はパートを表しています。

HSK とは？？

　　HSKは中国語能力検定試験 "**汉语水平考试**"（Hanyu Shuiping Kaoshi）のピインの頭文字をとった略称です。HSKは、中国政府教育部（日本の文部科学省に相当）が認定する世界共通の中国語の語学検定試験で、母語が中国語ではない人の中国語の能力を測るために作られたものです。現在、中国国内だけでなく、世界各地で実施されています。

Hanyu　**S**huiping　**K**aoshi
汉语　水平　考试

中国政府認定
世界共通のテスト

HSK の導入と試験内容

　HSKは、1990年に中国国内で初めて実施され、翌1991年から、世界各国で実施されるようになりました。

　2010年から導入されたHSKでは、これまで以上にあらゆるレベルの学習者に対応できるよう、試験難易度の幅を広げ、各段階での学習者のニーズを満たすことを目指しました。また、HSKは、中国語によるコミュニケーション能力の測定を第一の目的とした実用的な試験です。そのため、実際のコミュニケーションで使用する会話形式の問題や、リスニング、スピーキング能力の測定に重点をおいた試験となっています。

リスニング

会話形式の問題

コミュニケーション
能力を重視

HSK 受験のメリット

　HSKは、中国政府の認定試験であるため、中国において中国語能力の公的な証明として通用し、HSK証書は中国の留学基準や就職の際にも活用されています。

　また、2010年のリニューアルでは、ヨーロッパにおいて外国語学習者の能力評価時に共通の基準となるCEFR※1と合致するよう設計されたため、欧米各国の外国語テストとの互換性から難易度の比較がしやすく、世界のどの地域でも適切な評価を受けることが可能となりました。

中国語能力の測定基準

　⊃自分の中国語能力を測定することで、学習の効果を確認するとともに、学習の目標として設定することでモチベーション向上につながります。

企業への中国語能力のアピール

　⊃企業採用選考時の自己アピールとして中国語能力を世界レベルで証明できるだけでなく、入社後の実務においても中国語のコミュニケーション能力をアピールする手段になり、現地（中国）勤務や昇進等の機会を得ることにつながります。

中国の大学への留学や中国での就職

　⊃HSKは大学への本科留学の際に必要な条件となっています。また、中国国内での就職を考える際にも、中国語能力を証明するために必要な資格であると言えます。

日本国内の大学入試優遇

　⊃大学入試の際にHSKの資格保有者に対し優遇措置をとる大学が増えてきています。
　（詳細はHSK事務局HP：https://www.hskj.jp）

※1
CEFR（ヨーロッパ言語共通参照枠組み：Common European Framework of Reference for Languages: Learning, teaching, assessment）は、ヨーロッパにおいて、外国語教育のシラバス、カリキュラム、教科書、試験の作成時、および学習者の能力評価時に共通の基準となるもので、欧州評議会によって制定されたもの。学習者個人の生涯にわたる言語学習を、ヨーロッパのどこに住んでいても断続的に測定することができるよう、言語運用能力を段階的に明記している。

HSK 口頭試験の紹介

　HSK口頭試験（口試）は、受験者の中国語の口頭表現能力を測定する試験で、初級、中級、高級3つのレベルを設置しています。

級	試験の程度	語彙量の目安	CEFR	
高級	中国語全般にわたる高度な運用能力を有し、流暢に自分の意見を表現することができる。週に2〜3コマ（1コマ45分）の中国語学習を2年以上行った学習者に適している。	3000語前後の一般常用語彙及びそれに相応する文法知識	C2	熟達した言語使用者
			C1	
中級	中国語を母国語とする人たちと流暢に会話をすることができる。週に2〜3コマ（1コマ45分）の中国語学習を2年程度行った学習者に適している。	900語前後の一般常用語彙及びそれに相応する文法知識	B2	自立した言語使用者
			B1	
初級	中国語の基本的な日常会話を行うことができる。週に2〜3コマ（1コマ45分程度）の中国語学習を半年から1年程度行った学習者に適している。	200語前後の日常生活語彙及びそれに相当する文法的知識	A2	基礎段階の言語使用者
			A1	

　HSK口頭試験（口試）の各級の試験問題数及び時間制限は下表のとおりである。

口試	試験問題数	時間制限
初級	27題	約20分
中級	14題	約21分
高級	6題	約25分

　HSK口頭試験（口試）は録音機器を使用し、「口頭表現を聴力と結び付ける」「口頭表現を読解と結び付ける」という形式で、受験者の口頭による表現力を測定します。受験者は実際のレベルに合わせて、筆記のレベルに関係なく自由に等級を選び、受験を申し込むことができます。

ここでは、試験当日の注意事項や、試験の概要を紹介します。

持ち物

試験当日の持ち物を確認しておきましょう。

□ 受験票

□ 身分証明書（顔写真付きのもの）

□ 鉛筆（2B以上の濃いもの）

□ 消しゴム

□ 時計（携帯電話等は不可）

集合時間

受験票に記載されている集合時間を確認しておきましょう。

試験開始時刻の20分前に受付が開始されます。

試験開始時刻から試験の事前説明が始まり、これ以降は入室できなくなりますので注意しましょう。

試験の流れ

試験開始から終了までは次のような流れで進行します。

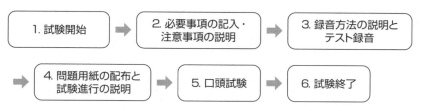

次ページ以降では、試験の流れを詳しく見ていきます。

※初／中／高級の試験では、放送内容以外の指示は日本語で行われます。放送内容は各レベルの冒頭で紹介していますので、事前に確認しておきましょう。

1. 試験開始

試験開始時刻になると、事前説明が始まります。

この説明開始以降は、原則として試験終了まで入退室はできませんので、注意しましょう。

2. 必要事項の記入・注意事項の説明

事前説明後、「口試カード」に記入する時間が与えられます。

試験官の指示に従い、受験票に記載されている番号などを参考にして必要事項の記入を行いましょう。

> ① 姓名 (名前)
> ② 国籍 (国籍)
> ③ 序号 (受験番号)
> ④ 受験級

汉语水平口语考试 HSKK ・信息卡

① 姓 名: ＿＿＿＿＿＿＿＿＿＿

② 国 籍: ＿＿＿＿＿＿＿＿＿＿

③ 序 号: ＿＿＿＿＿＿＿＿＿＿

④ 初级 ☐　　中级 ☐　　高级 ☐

必要事項記入後、試験中の注意事項の説明と音量確認が行われます。

3. 録音方法の説明とテスト録音

音量確認が終わると、録音機器を使いながら、録音方法が説明されます。その後実際に
テスト録音を行い、正しく録音・再生ができるか確認します。

4. 試験進行手順の確認と問題用紙の配布

テスト録音が終わると、試験進行手順などが記載された用紙を各自確認する時間があり
ます。その後、問題用紙が配布されます。

問題用紙に記載された注意事項について、試験官から説明があります。問題用紙は試験
官から指示があるまで開封できません。

※説明の後、会場ごとに試験の開始時間および終了時間が記入・掲示されますので、終了時間は会場
　ごとに異なる場合があります。

5. 口頭試験

説明の後、試験官より試験開始の合図があり、放送が開始します。試験中は全ての放送
が中国語となります。

※放送内容はそれぞれのレベルの冒頭（以下参照）で紹介しています。

6. 試験終了

放送が終了すると、試験官より試験終了の合図があります。その後、試験官が問題用紙
と録音機器を回収します。

これで試験は終了です。試験官の指示に従って退出しましょう。

HSK 口頭試験の放送開始後の流れ

各級の試験の流れと具体的な放送内容中の指示の説明は、それぞれのレベルの冒頭（以
下ページ参照）に記載しました。

初級…P.12〜
中級…P.56〜
高級…P.100〜

HSK口頭試験 初級

・HSK口頭試験（初級）の内容と流れ・・・・・・・・・・・・・ P.12〜P.16

・初級 問題 第1回〜第5回・・・・・・・・・・・・・・・・・・・・・ P.18〜P.22

・初級 解答・解答例・放送内容スクリプト
　第1回〜第5回・・・・・・・・・・・・・・・・・・・・・・・・・・・・ P.24〜P.53

HSK 口頭試験（初級）の内容と流れ

　HSK口試（初級）は受験生の会話能力を判定するテストです。

　「日常話題を聞き取り、また表現することができ、基本的なコミュニケーションを行うことができる」ことが求められます。

※2023年7月試験時点

学習目安

200語前後の常用単語を習得している者を対象としています。

主に週に2〜3コマ（1コマ45分程度）の授業を半年間（1学期）〜1年間（2学期）程度学習した学習者を対象としています。

点数と評価

HSK口試（初級）は100点満点で評価されます。

60点が合格ラインです。

試験概要

HSK口試（初級）の試験内容は、合計27問、3分野で、全て録音方式のテストです。

放送は全て中国語で行われます。

試験内容

HSK口試（初級）：約20分間（放送回数1回）

パート	形式	問題内容	問題数	時間
第1部分	復唱	放送を聞いて、その文章を復唱する。	15題	6分
第2部分	聞き取り	質問を聞いた後、それについて端的に答える。	10題	4分
	（準備時間）	（第3部分に対する解答の準備）		7分
第3部分	読み取り	問題用紙に書かれた2つの質問（ピンイン付記）に対して答える。5文以上の言葉を使って答えること。	2題	3分

・試験開始の前に、口試カードに必要事項を記入したり、録音機器確認をしたりする時間があります。

・放送開始後、姓名・国籍・受験番号を質問する音声が流れるので、答えてください。

・第3部分開始の前に、準備時間（答える内容を受験生が考える時間）が7分間与えられます。

・試験時間中には問題用紙に自由にメモを取ることが可能です。

・録音機器の操作については別途提示される説明資料を参照してください。

第1部分 （復唱）：録音時間は各問約10秒

・中国語で第1〜15問を始めるという内容の放送があった後、直ちに問題文の放送が開始されます。
・問題文はそれぞれ1回しか放送されないので、問題放送後にチャイムが鳴った後、直ちに復唱してください。

第2部分 （聞き取り）：録音時間は各問約10秒

・中国語で第16〜25問を始めるという内容の放送があった後、直ちに問題文の放送が開始されます。
・問題文はそれぞれ1回しか放送されないので、問題放送後にチャイムが鳴った後、直ちに答えてください。

第3部分 （読み取り）：録音時間は各1.5分間

・中国語で第26〜27問の準備時間が始まるという内容の放送があり、この後直ちに準備時間が開始されます。
・準備時間は第3部分（読み取り）の全て（第26問〜27問）に対して7分間がまとめて提供されるので、準備漏れのないように気をつけましょう。
・準備時間終了後、中国語で、準備時間が終わり第26問に答え始めるという内容の放送があるので、解答を始めてください。その後、第26問が終わり第27問を答え始めるという内容の放送があるので、同様に解答を始めてください。

◆個人情報録音部分

　まずはじめに、氏名・国籍・受験番号を質問する音声が流れますので、10秒以内で答えてください。それらの質問もすべて中国語で行われ、すべて中国語で答える必要がありますので、本番であせらないようにあらかじめ答え方も練習しておきましょう。放送内容にはスクリプトにも印刷されています。

放送内容
Nǐ hǎo! Nǐ jiào shénme míngzi?
你好！你叫什么 名字？

放送内容和訳
こんにちは！あなたの名前は何ですか？

答え方の例
Wǒ jiào
我 叫 田中太郎。

答え方の例和訳
私の名前は田中太郎です。

放送内容
Nǐ shì nǎ guó rén?
你是哪国 人？

放送内容和訳
あなたはどの国の人ですか？

答え方の例
Wǒ shì Rìběnrén.
我 是 日本人。

答え方の例和訳
私は日本人です。

放送内容
Nǐ de xùhào shì duōshǎo?
你的序号是 多少？

放送内容和訳
あなたの受験番号は何番ですか？

答え方の例
Wǒ de xùhào shì
我 的 序号是 45678。

答え方の例和訳
私の受験番号は45678です。

◆試験開始後　※問題内容とその解答例は各回の解答・解答例のページをご覧下さい。

（第1部分の始まり）

放送内容

好，现在开始第1到15题。每题你会听到一个句子，请在 "嘀" 声后重复这个句子。现在开始第1题。（3秒）　1（問題文〜）（♪チャイム音）…

放送内容和訳

はい。これから第1問から第15問を始めます。問題ごとに1つのフレーズが聞こえますので、チャイム音の後にこのフレーズを復唱（リピート）してください。これから第1問を始めます。（3秒）　1（問題文〜）（♪チャイム音）…

このチャイム音の後に問題文をリピートします。

　その後は同様に第2問～第15問まで、「問題番号→問題文→チャイム音」の順に流れます。チャイム音の後、約10秒後には次の問題に移りますので、注意しましょう。

（第2部分の始まり）

> **放送内容**
>
> 好，现在开始第16到25题。每题你会听到一个问题，请在"嘀"声后回答这个问题。现在开始第16题。16（質問）（♪チャイム音）…
>
> **放送内容和訳**
>
> はい。これから第16問から第25問を始めます。問題ごとに1つの質問が聞こえますので、チャイム音の後にこの質問に答えてください。これから第16問を始めます。16（質問）（♪チャイム音）…

このチャイム音の後に、質問に答えます。

　第17問以降も同じように「問題番号」「質問文」「チャイム音」の順に第25問まで続きます。

（第3部分の準備時間の始まり）

> **放送内容**
>
> 好，现在开始准备第26到27题，可以在试卷上写提纲，准备时间为7分钟。
>
> **放送内容和訳**
>
> はい。これから第26問から第27問の準備を始めます。問題用紙にメモを書いても結構です。準備時間は7分間です。

　第2部分が終わると、上記の放送内容が放送されます。次の第26問、第27問の問題は問題用紙に印刷されています。それらを読んで、7分間で答える準備をしましょう。

（第3部分解答の始まり）

> **放送内容**
>
> 准备时间结束。现在开始回答第26题。
>
> **放送内容和訳**
>
> 準備時間が終わりました。これから第26問に答え始めてください。

　準備時間が終わったというアナウンスが放送され、すぐに第26問が始まりますので、答え始めます（約1.5分）。

　その後、第26問が終わったというアナウンスが放送され、すぐに第27問に答え始めます。

> **放送内容**
>
> 第26题结束。现在开始回答第27题。
>
> **放送内容和訳**
>
> 第26問が終わりました。これから第27問に答え始めてください。

　第27問に答える時間（約1.5分）が終わると、試験終了を告げる以下のアナウンスが流れ、終了です。

> **放送内容**
>
> 好，考试现在结束，谢谢你！
>
> **放送内容和訳**
>
> はい。試験はこれで終了です。ありがとうございました！

初級

第 1 回 ・・・・・・・・・・・・・・・・・ P.18

第 2 回 ・・・・・・・・・・・・・・・・・ P.19

第 3 回 ・・・・・・・・・・・・・・・・・ P.20

第 4 回 ・・・・・・・・・・・・・・・・・ P.21

第 5 回 ・・・・・・・・・・・・・・・・・ P.22

第**1**部分

第 1-15 题　听后重复。

第**2**部分

第 16-25 题　听后回答。

第**3**部分

第 26-27 题　回答问题。

　　　Qǐng jièshào yì jiā nǐ zuì xǐhuan de fànguǎn.
26. 请 介绍 一 家 你 最 喜欢 的 饭馆。（1.5分钟）

　　　Nǐ hé nǐ zuì hǎo de péngyou shì zěnme rènshi de?
27. 你 和 你 最 好 的 朋友 是 怎么 认识 的 ？

　　　Tā shì shénmeyàng de rén?
　　　他 是 什么样 的 人 ？ （1.5分钟）

第 **1** 部分

第 1-15 题　听后重复。

第 **2** 部分

第 16-25 题　听后回答。

第 **3** 部分

第 26-27 题　回答问题。

Qǐng jièshào yíxià nǐ de bàba.
26. 请 介绍 一下 你 的 爸爸。（1.5分钟）

Nǐ xǐhuan xīngqīliù ma? Wèi shénme?
27. 你 喜欢 星期六 吗 ？为 什么 ？ （1.5分钟）

第 **1** 部分 //

第 1-15 题　听后重复。

第 **2** 部分 //

第 16-25 题　听后回答。

第 **3** 部分 //

第 26-27 题　回答问题。

　　　Qǐng jièshào　yíxià　nǐ　shì zěnyàng xuéxí　Hànyǔ　de.
26. 请 介绍 一下 你 是 怎样 学习 汉语 的。(1.5分钟)

　　　Nǐ　xǐhuan shénme shíhou kàn shū?　 Wèi shénme?
27. 你 喜欢 什么 时候 看 书 ？为 什么 ？（1.5分钟）

第 **1** 部分

第 1-15 题　听后重复。

第 **2** 部分

第 16-25 题　听后回答。

第 **3** 部分

第 26-27 题　回答问题。

Qīng jièshào yì jiā nǐ zuì xǐhuan de shāngdiàn.
26. 请 介绍 一 家 你 最 喜欢 的 商店。（1.5分钟）

Nǐ de shēngrì shì nǎ tiān? Shēngrì nà tiān nǐ huì zuò shénme?
27. 你 的 生日 是 哪 天 ？生日 那 天 你 会 做 什么 ？ （1.5分钟）

第**1**部分

第1-15题 听后重复。

第**2**部分

第16-25题 听后回答。

第**3**部分

第26-27题 回答问题。

26. Shéi duì nǐ de xuéxí bāngzhù zuì dà? Qǐng jièshào yíxià.
谁 对 你 的 学习 帮助 最 大 ？请 介绍 一下。（1.5分钟）

27. Qǐng shuōshuo nǐ juéde yǒu yìsi de yí jiàn shì.
请 说说 你 觉得 有 意思 的 一 件 事。（1.5分钟）

初級

解答・解答例・放送内容スクリプト

第1回 ・・・・・・・・・・・・・・ P.24 〜 P.29

第2回 ・・・・・・・・・・・・・・ P.30 〜 P.35

第3回 ・・・・・・・・・・・・・・ P.36 〜 P.41

第4回 ・・・・・・・・・・・・・・ P.42 〜 P.47

第5回 ・・・・・・・・・・・・・・ P.48 〜 P.53

※すべての放送内容のスクリプトは29ページにもあります。 　問題（放送内容）音声 🎧 21SQ1

第1部分 | 問題 p.18

　第1部分は放送される文をそのままリピートする問題です。問題（放送内容）音声を聞いてよく練習しましょう。

1
スクリプト
Tā zài gōngzuò ne.
他 在 工作 呢。

スクリプト和訳　彼は仕事をしているところです。

2
スクリプト
Jīntiān tài rè le.
今天 太 热 了。

スクリプト和訳　今日は大変暑いです。

3
スクリプト
Lái, chī shuǐguǒ.
来, 吃 水果。

スクリプト和訳　さあ、果物を食べてください。

4
スクリプト
Wǒ zuò chūzūchē qù xuéxiào.
我 坐 出租车 去 学校。

スクリプト和訳　私はタクシーに乗って学校に行きます。

5
スクリプト
Yǐzi shàng de yīfu bú shì tā de.
椅子 上 的 衣服 不 是 她 的。

スクリプト和訳　椅子の上の服は彼女のものではありません。

6
スクリプト
Zhè jǐ tiān érzi zhù zài tóngxué jiā.
这 几 天 儿子 住 在 同学 家。

スクリプト和訳　ここ数日息子は同級生の家に泊っています。

7
スクリプト
Bàba huì kāi fēijī.
爸爸 会 开 飞机。

スクリプト和訳　父は飛行機を操縦できます。

8
スクリプト
Nǐ tiào de zhēn hǎo!
你 跳 得 真 好！

スクリプト和訳　あなたは踊るのが本当にうまいですね！

9

スクリプト
Mèimei xiǎng qù Běijīng lǚyóu.
妹妹 想 去 北京 旅游。

スクリプト和訳
妹は北京に旅行に行きたがっています。

10

スクリプト
Nà běn shū hěn yǒu yìsi.
那 本 书 很 有 意思。

スクリプト和訳
その本は面白いです。

11

スクリプト
Duìbuqǐ, wǒ méi kàndǒng.
对不起，我 没 看懂。

スクリプト和訳
すみません。私は見ても分かりませんでした。

12

スクリプト
Nǐ zǒu màn diǎnr, děngděng wǒ.
你 走 慢 点儿，等等 我。

スクリプト和訳
少しゆっくり歩いて、私をちょっと待ってください。

13

スクリプト
Zhè kuài shǒubiǎo bǐ nà kuài guì.
这 块 手表 比 那 块 贵。

スクリプト和訳
この腕時計はあれより（値段が）高いです。

14

スクリプト
Bié ràng háizi zhīdào zhè jiàn shì.
别 让 孩子 知道 这 件 事。

スクリプト和訳
子供にこの事を知られないようにしなさい。

15

スクリプト
Nǐmen chūqu wánr ba.
你们 出去 玩儿 吧。

スクリプト和訳
あなたたちは遊びに行ってきなさい。

第2部分は、放送される質問を聞いて、その後すぐにその質問に対して答える問題です。放送内容を聞いて、聞き取る練習をしましょう。解答例の音声も参考にして、答える練習もしましょう。

16

スクリプト
Nǐ zhōngwǔ shuìbushuìjiào?
你 中午 睡不睡觉？

スクリプト和訳
あなたはお昼に寝ますか?

解答例
Wǒ zhōngwǔ shuì jiào.
・我 中午 睡觉。
Wǒ zhōngwǔ bú shuìjiào.
・我 中午 不 睡觉。

解答例和訳
私はお昼に寝ます。

私はお昼に寝ません。

17

スクリプト
Nǐ huì xiě duōshao gè Hànzì?
你 会 写 多少 个 汉字？

スクリプト和訳
あなたはどのくらいの数の漢字を書くことができますか?

解答例
Wǒ huì xiě sān bǎi gè Hànzì
・我 会 写 三 百 个（汉字）。

解答例和訳
私は300個（の漢字を）書くことができます。

18

スクリプト
Wǒ bú ài kàn diànyǐng, nǐ ne?
我 不 爱 看 电影，你 呢?

スクリプト和訳
私は映画を観るのは好きではないのですが、あなたは?

解答例
Wǒ yě bú ài kàn diànyǐng.
・我 也 不 爱 看 电影。
Wǒ ài kàn diànyǐng.
・我 爱 看 电影。

解答例和訳
私も映画を観るのが好きではありません。

私は映画を観るのが好きです。

19

スクリプト
Nǐ jǐ suì shàng de xué?
你 几 岁 上 的 学？

スクリプト和訳
あなたは何歳で学校に上がりましたか?

解答例
Wǒ liù suì shàng de xué
・我 六 岁 上 的 学。

解答例和訳
私は6歳で学校に上がりました。

20

スクリプト
Míngtiān nǐ qù nǎr?
明天 你 去 哪儿?

スクリプト和訳
明日あなたはどこに行きますか?

解答例
Míngtiān wǒ qù gōngsī.
・（明天 我）去 公司。

解答例和訳
（明日私は）会社に行きます。

21

スクリプト

Xiànzài shì jiǔ diǎn, duì ma?
现在 是 九 点, 对 吗?

スクリプト和訳

今は9時ということで、合っていますか?

解答例

Duì, xiànzài shì jiǔ diǎn.
・对, 现在 是 九 点。
Bù, xiànzài yǐjīng shí diǎn. le.
・不, 现在 已经 十 点 了。

解答例和訳

はい。今は9時です。

いいえ。今はもう10時になりました。

22

スクリプト

Xuě shì shénme yánsè de?
雪 是 什么 颜色 的?

スクリプト和訳

雪はどんな色ですか?

解答例

Xuě shì báisè de.
・(雪 是) 白色 的。

解答例和訳

(雪は) 白色です。

23

スクリプト

Nǐ měitiān dōu yùndòng ma?
你 每天 都 运动 吗?

スクリプト和訳

あなたは毎日運動をしますか?

解答例

Shì de, wǒ měitiān dōu yùndòng.
・是 的, 我 每天 都 运动。
Bù, wǒ hěn shǎo yùndòng.
・不, 我 很 少 运动。

解答例和訳

そうです。私は毎日運動をします。

いいえ。私はめったに運動をしません。

24

スクリプト

Nǐ juéde Zhōngguó zěnmeyàng?
你 觉得 中国 怎么样?

スクリプト和訳

あなたは中国をどう思いますか?

解答例

Wǒ juéde Zhōngguó hěn měi.
・我 觉得 中国 很 美。

解答例和訳

私は中国は美しいと思います。

25

スクリプト

Nǐ cóng shénme shíhou kāishǐ xué Hànyǔ de?
你 从 什么 时候 开始 学 汉语 的?

スクリプト和訳

あなたはいつから中国語を学び始めたのですか?

解答例

Wǒ cóng yì nián qián kāishǐ xué
・我 从 一 年 前 开始 学
Hànyǔ.
汉语。

解答例和訳

私は1年前から中国語を学び始めました。

第3部分 | 問題 p.18

解答例音声
🎧 21SQ1-kaito3

第3部分は、問題用紙に印字された質問を読んで、その質問に対して答える問題です。

26

問題文和訳

あなたの最も気に入っているレストランを1軒紹介してください。

解答例

Wǒ zuì xǐhuan gōngsī pángbiān de nà jiā fànguǎn. Nàlǐ yǒu hěn duō Zhōngguócài. Wǒ ài chī Zhōngguócài.
我 最 喜欢 公司 旁边 的 那 家 饭馆。那里 有 很 多 中国菜。我 爱 吃 中国菜。
Wǒ měizhōu sān cì qù nà jiā fànguǎn, měicì dōu chī miàntiáo hé yú. Nàlǐ de cài hǎochī, piányi, fúwùyuán
我 每周 三 次 去 那 家 饭馆，每次 都 吃 面条 和 鱼。那里 的 菜 好吃、便宜、服务员
yě hěn hǎo.
也 很 好。

解答例和訳

私は会社のそばのレストランを最も気に入っています。そこはたくさん中華料理があります。私は中華料理を食べるのが大好きです。私は週に3回そのレストランに行って、毎回麺と魚を食べます。そこの料理はおいしくて、安くて、店員もいいです。

27

問題文和訳

あなたとあなたの最も仲の良い友人はどのように知り合ったのですか？　彼（その人）はどのような人ですか？

解答例

Wǒ zuì hǎo de péngyou shì wǒ de gāozhōng tóngxué. Tā gèzi hěn gāo, xǐhuan yùndòng, chànggē yě hěn
我 最 好 的 朋友 是 我 的 高中 同学。他 个子 很 高，喜欢 运动，唱歌 也 很
hǎotīng. Tā hái hěn ài xiào, yǒu hěn duō péngyou. Wǒ jiā lí tā jiā hěn jìn, zǒu lù èrshí fēnzhōng jiù dào.
好听。他 还 很 爱 笑，有 很 多 朋友。我 家 离 他 家 很 近，走 路 20 分钟 就 到。
Wǒmen xiàkè hòu, yìqǐ chūqu dǎ qiú, chàng gē. Wǒ dìdi yě hěn xǐhuan wǒ de nà ge hǎo péngyou.
我们 下课 后，一起 出去 打 球，唱 歌。我 弟弟 也 很 喜欢 我 的 那 个 好 朋友。

解答例和訳

私の最も仲の良い友人は私の高校時代の同級生です。彼は背が高く、運動が好きで、歌を歌っても上手です。彼は笑っているのがとても好きで（いつも笑顔で）、たくさんの友人がいます。私の家は彼の家から近く、歩いて20分で着きます。私たちは放課後、一緒に球技をしに行ったり、歌を歌ったりします。私の弟も私のあの友人が好きです。

你好！你叫什么名字？ (10秒)

你是哪国人？ (10秒)

你的序号是多少？ (10秒)

　　好，现在开始第1到15题。每题你会听到一个句子，请在"嘀"声后重复这
个句子。现在开始第1题。

1. 他在工作呢。 (10秒)

2. 今天太热了。 (10秒)

3. 来，吃水果。 (10秒)

4. 我坐出租车去学校。 (10秒)

5. 椅子上的衣服不是她的。 (10秒)

6. 这几天儿子住在同学家。 (10秒)

7. 爸爸会开飞机。 (10秒)

8. 你跳得真好！ (10秒)

9. 妹妹想去北京旅游。 (10秒)

10. 那本书很有意思。 (10秒)

11. 对不起，我没看懂。 (10秒)

12. 你走慢点儿，等等我。 (10秒)

13. 这块手表比那块贵。 (10秒)

14. 别让孩子知道这件事。 (10秒)

15. 你们出去玩儿吧。 (10秒)

　　好，现在开始第16到25题。每题你会听到一个问题，请在"嘀"声后回答
这个问题。现在开始第16题。

16. 你中午睡不睡觉？ (10秒)

17. 你会写多少个汉字？ (10秒)

18. 我不爱看电影，你呢？ (10秒)

19. 你几岁上的学？ (10秒)

20. 明天你去哪儿？ (10秒)

21. 现在是九点，对吗？ (10秒)

22. 雪是什么颜色的？ (10秒)

23. 你每天都运动吗？ (10秒)

24. 你觉得中国怎么样？ (10秒)

25. 你从什么时候开始学汉语的？ (10秒)

　　好，现在开始准备第26到27题，可以在试卷上写提纲，准备时间为7分钟。
准备时间结束。现在开始回答第26题。（1.5分钟）
第26题结束。现在开始回答第27题。（1.5分钟）

　　好，考试现在结束，谢谢你！

※すべての放送内容のスクリプトは35ページにもあります。　　　　問題（放送内容）音声 🎧 21SQ2

第 **1** 部分	問題 p.19

　第1部分は放送される文をそのままリピートする問題です。問題（放送内容）音声を聞いてよく練習しましょう。

1

スクリプト　Wǒ bú rènshi tā.
我 不 认识 她。

スクリプト和訳　私は彼女のことを知りません（彼女と知り合いではありません）。

2

スクリプト　Zhè ge bēizi hěn piàoliang.
这 个 杯子 很 漂亮。

スクリプト和訳　このコップは美しいです。

3

スクリプト　Duìbuqǐ, wǒ méiyǒu qián.
对不起，我 没有 钱。

スクリプト和訳　すみませんが、私はお金を持っていません。

4

スクリプト　Wáng lǎoshī lái le.
王 老师 来 了。

スクリプト和訳　王先生が来ました。

5

スクリプト　Wǒ mǎi le hěn duō cài.
我 买 了 很 多 菜。

スクリプト和訳　私はたくさんの食材を買いました。

6

スクリプト　Nǐ de yīfu zài yǐzi shàng.
你 的 衣服 在 椅子 上。

スクリプト和訳　あなたの服は椅子の上にあります。

7

スクリプト　Tā shì wǒ de tóngxué.
他 是 我 的 同学。

スクリプト和訳　彼は私の同級生です。

8

スクリプト　Wǒ bǐ mèimei dà liǎng suì.
我 比 妹妹 大 两 岁。

スクリプト和訳　私は妹より2歳年上です。

9

スクリプト
Tā hěn shǎo hē kāfēi.
他 很 少 喝 咖啡。

スクリプト和訳
彼はめったにコーヒーを飲みません。

10

スクリプト
Qīzi gōngzuò hěn máng.
妻子 工作 很 忙。

スクリプト和訳
妻は仕事が忙しいです。

11

スクリプト
Gōngsī pángbiān yǒu yì jiā fàndiàn.
公司 旁边 有 一 家 饭店。

スクリプト和訳
会社のそばにホテルが1軒あります。

12

スクリプト
Xīguā zhēn piányi.
西瓜 真 便宜。

スクリプト和訳
スイカは本当に安いです。

13

スクリプト
Wǒ xiǎng wèn nǐ yí gè wèntí.
我 想 问 你 一 个 问题。

スクリプト和訳
私はあなたに1つ質問をしたいです。

14

スクリプト
Nǚér měitiān dōu zuò yùndòng.
女儿 每天 都 做 运动。

スクリプト和訳
娘は毎日運動をします。

15

スクリプト
Tā hé péngyou yìqǐ qù lǚyóu le.
他 和 朋友 一起 去 旅游 了。

スクリプト和訳
彼と友達は一緒に旅行に行きました。

第2部分	問題 p.19

解答例音声　🎧 21SQ2-kaito2

　第2部分は、放送される質問を聞いて、その後すぐにその質問に対して答える問題です。放送内容を聞いて、聞き取る練習をしましょう。解答例の音声も参考にして、答える練習もしましょう。

16

スクリプト

Jīntiān tiānqì hǎobuhǎo?
今天 天气 好不好？

スクリプト和訳

今日の天気はいいですか?

解答例

Jīntiān tiānqì hěn hǎo.
· 今天 天气 很 好。
Jīntiān tiānqì bú tài hǎo.
· 今天 天气 不 太 好。

解答例和訳

今日は天気が良いです。

今日は天気があまり良くありません。

17

スクリプト

Nǐ huì xiě duōshao gè Hànzì?
你 会 写 多少 个 汉字？

スクリプト和訳

あなたはどのくらいの数の漢字を書くことができますか?

解答例

Wǒ huì xiě wǔ bǎi gè　Hànzì
· 我 会 写 五 百 个（汉字）。

解答例和訳

私は500個（の漢字を）書くことができます。

18

スクリプト

Míngtiān nǐ huì qù nǎr?
明天 你 会 去 哪儿？

スクリプト和訳

明日あなたはどこに行くのでしょうか?

解答例

Míngtiān wǒ　huì qù kàn diànyǐng.
·（明天 我）会 去 看 电影。

解答例和訳

（明日私は）映画を観に行くでしょう。

19

スクリプト

Wǒ yǒu hěn duō shū, nǐ ne?
我 有 很 多 书，你 呢？

スクリプト和訳

私はたくさんの本を持っていますが、あなたは?

解答例

Wǒ yě yǒu hěn duō shū.
· 我 也 有 很 多 书。
Wǒ méiyǒu hěn duō shū.
· 我 没有 很 多 书。

解答例和訳

私もたくさんの本を持っています。

私はたくさんの本を持っていません。

20

スクリプト

Nǐ shì zěnme lái zhèr de?
你 是 怎么 来 这儿 的？

スクリプト和訳

あなたはどうやってここに来たのですか?

解答例

Wǒ shì zuò dìtiě lái de.
· 我 是 坐 地铁 来 的。

解答例和訳

私は地下鉄に乗って来たのです。

21

スクリプト

Nǐ zǎoshang yǒuméiyǒu chī miàntiáor?
你 早上 有没有 吃 面条儿？

スクリプト和訳

あなたは朝、麺を食べましたか？

解答例

Wǒ zǎoshang chī le miàntiáor.
・我 早上 吃 了 面条儿。
Wǒ zǎoshang méiyǒu chī miàntiáor.
・我 早上 没有 吃 面条儿。

解答例和訳

私は朝、麺を食べました。

私は朝、麺を食べませんでした。

22

スクリプト

Nǐ zuò guo fēijī ma?
你 坐 过 飞机 吗？

スクリプト和訳

あなたは飛行機に乗ったことがありますか？

解答例

Wǒ zuòguo fēijī.
・我 坐过 飞机。
Wǒ méiyǒu zuòguo fēijī.
・我 没有 坐过 飞机。

解答例和訳

私は飛行機に乗ったことがあります。

私は飛行機に乗ったことがありません。

23

スクリプト

Nǐ xǐhuan chuān shénme yánsè de yīfu?
你 喜欢 穿 什么 颜色 的 衣服？

スクリプト和訳

あなたはどんな色の服を着るのが好きですか？

解答例

Wǒ xǐhuan chuān báisè de yīfu.
・我 喜欢 穿 白色 的 衣服。

解答例和訳

私は白い服を着るのが好きです。

24

スクリプト

Nǐ hěn ài yóuyǒng ba?
你 很 爱 游泳 吧？

スクリプト和訳

あなたは泳ぐのがとても好きなのでしょう？

解答例

Shì de, wǒ hěn ài yóuyǒng.
・是 的，我 很 爱 游泳。
Bù, wǒ bú ài yóuyǒng.
・不，我 不 爱 游泳。

解答例和訳

そうです。私は泳ぐのがとても好きです。

いいえ。私は泳ぐのが好きではありません。

25

スクリプト

Nǐ měigè xīngqī dōu qù tiàowǔ?
你 每个 星期 都 去 跳舞？

スクリプト和訳

あなたは毎週ダンスをしに行くのですか？

解答例

Shì de, wǒ měigè xīngqī dōu qù
・是 的，我 每个 星期 都 去
tiàowǔ.
跳舞。
Bù, wǒ hěn shǎo qù tiàowǔ.
・不，我 很 少 去 跳舞。

解答例和訳

そうです。私は毎週ダンスをしに行きます。

いいえ。私はめったにダンスをしに行きません。

第3部分は、問題用紙に印字された質問を読んで、その質問に対して答える問題です。

26

(問題文和訳)

あなたのお父さんのことを少し紹介してください。

(解答例)

Wǒ de bàba shì lǎoshī. Tā shì gāozhōng de lǎoshī. Tā měitiān gōngzuò hěn máng, wǎnshang jiǔ diǎn huí
我 的 爸爸 是 老师。他 是 高中 的 老师。他 每天 工作 很 忙，晚上 九 点 回
jiā. Tā ài kàn shū, xǐhuan yóuyǒng, dǎ lánqiú, xǐhuan chànggē. Tā měigè xīngqītiān dōu hé wǒ yìqǐ chūqu
家。他 爱 看 书，喜欢 游泳、打 篮球，喜欢 唱歌。他 每个 星期天 都 和 我 一起 出去
wánr. Tā hái huì zuò cài. Tā zuò de fàn dōu hěn búcuò. Měitiān zǎoshang bàba, māma hé wǒ yìqǐ chī
玩儿。他 还 会 做 菜。他 做 的 饭 都 很 不错。每天 早上 爸爸、妈妈 和 我 一起 吃
zǎofàn. Wǒ hé māma dōu ài wǒ bàba.
早饭。我 和 妈妈 都 爱 我 爸爸。

(解答例和訳)

　私の父は教師です。彼は高校の教師です。彼は毎日仕事が忙しく、夜9時に家に帰ります。彼は本を読むのがとても好きで、泳いだり、バスケットボールをしたりするのが好きで、歌を歌うのが好きです。彼は毎週日曜日にいつも私と一緒に遊びに行きます。彼は料理を作ることもできます。彼が作ったご飯はどれも美味しいです。毎朝父、母と私は一緒に朝ご飯を食べます。私と母は父が大好きです。

27

(問題文和訳)

あなたは土曜日が好きですか？　なぜですか？

(解答例)

Wǒ fēicháng xǐhuan xīngqīliù. Yīnwèi wǒ juéde xīngqīliù shì yí gè xīngqī lǐ zuì ràng rén gāoxìng de yì
我 非常 喜欢 星期六。因为 我 觉得 星期六 是 一 个 星期 里 最 让 人 高兴 的 一
tiān. Zǎoshang wǒ kěyǐ duō shuì yíhuìr. Xiàwǔ hé péngyou yìqǐ chūqu wánr. Wǎnshang hái néng qù kàn
天。 早上 我 可以 多 睡 一会儿。下午 和 朋友 一起 出去 玩儿。晚上 还 能 去 看
diànyǐng.
电影。

(解答例和訳)

　私は土曜日が非常に好きです。なぜなら私は土曜日が1週間の中で最も楽しい1日だと思うからです。朝私は少し遅くまで寝ることができます。午後は友達と一緒に遊びに出かけます。夜は映画を見に行くこともできます。

你好！你叫什么名字？ （10秒）

你是哪国人？ （10秒）

你的序号是多少？ （10秒）

好，现在开始第1到15题。每题你会听到一个句子，请在"嘀"声后重复这
个句子。现在开始第1题。

1．我不认识她。 （10秒）

2．这个杯子很漂亮。 （10秒）

3．对不起，我没有钱。 （10秒）

4．王老师来了。 （10秒）

5．我买了很多菜。 （10秒）

6．你的衣服在椅子上。 （10秒）

7．他是我的同学。 （10秒）

8．我比妹妹大两岁。 （10秒）

9．他很少喝咖啡。 （10秒）

10．妻子工作很忙。 （10秒）

11．公司旁边有一家饭店。 （10秒）

12．西瓜真便宜。 （10秒）

13．我想问你一个问题。 （10秒）

14．女儿每天都做运动。 （10秒）

15．他和朋友一起去旅游了。 （10秒）

好，现在开始第16到25题。每题你会听到一个问题，请在"嘀"声后回答
这个问题。现在开始第16题。

16．今天天气好不好？ （10秒）

17．你会写多少个汉字？ （10秒）

18．明天你会去哪儿？ （10秒）

19．我有很多书，你呢？ （10秒）

20．你是怎么来这儿的？ （10秒）

21．你早上有没有吃面条儿？ （10秒）

22．你坐过飞机吗？ （10秒）

23．你喜欢穿什么颜色的衣服？ （10秒）

24．你很爱游泳吧？ （10秒）

25．你每个星期都去跳舞？ （10秒）

好，现在开始准备第26到27题，可以在试卷上写提纲，准备时间为7分钟。
准备时间结束。现在开始回答第26题。（1.5分钟）
第26题结束。现在开始回答第27题。（1.5分钟）

好，考试现在结束，谢谢你！

※すべての放送内容のスクリプトは41ページにもあります。　　　問題（放送内容）音声 🎧 21SQ3

第1部分　問題 p.20

第1部分は放送される文をそのままリピートする問題です。問題（放送内容）音声を聞いてよく練習しましょう。

1
スクリプト
Bàba shì yīshēng.
爸爸 是 医生。
スクリプト和訳　父は医者です。

2
スクリプト
Lǐmiàn méiyǒu rén.
里面 没有 人。
スクリプト和訳　中に人はいません。

3
スクリプト
Hěn gāoxìng rènshi nǐ.
很 高兴 认识 你。
スクリプト和訳　あなたと知り合えてうれしいです。

4
スクリプト
Wǒ zuò chūzūchē huí jiā.
我 坐 出租车 回 家。
スクリプト和訳　私はタクシーに乗って家に帰ります。

5
スクリプト
Wǒ xiàgèyuè qù Běijīng.
我 下个月 去 北京。
スクリプト和訳　私は来月北京に行きます。

6
スクリプト
Nǐ de nǚér hěn piàoliang.
你 的 女儿 很 漂亮。
スクリプト和訳　あなたの娘さんは美しいです。

7
スクリプト
Duìbuqǐ, wǒ bù xiǎng chī le.
对不起, 我 不 想 吃 了。
スクリプト和訳　すみませんが、私は食べたくなくなりました。

8
スクリプト
Dàjiā xiūxi yíxià.
大家 休息 一下。
スクリプト和訳　皆さん少し休憩してください。

9

スクリプト
Dìdi bǐ jiějie gāo.
弟弟 比 姐姐 高。

スクリプト和訳
弟は姉より（背が）高いです。

10

スクリプト
Chànggē ràng wǒ hěn kuàilè.
唱歌 让 我 很 快乐。

スクリプト和訳
歌を歌うと私は楽しくなります。

11

スクリプト
Zhèr de píngguǒ zhēn guì.
这儿 的 苹果 真 贵。

スクリプト和訳
ここのリンゴは本当に（値段が）高いです。

12

スクリプト
Wǒ bù dǒng tā de yìsi.
我 不 懂 他 的 意思。

スクリプト和訳
私は彼の意図が分かりません。

13

スクリプト
Wǒ jiā zài gōngsī pángbiān.
我 家 在 公司 旁边。

スクリプト和訳
私の家は会社のそばにあります。

14

スクリプト
Zhè kuài shǒubiǎo màn le wǔ fēnzhōng.
这 块 手表 慢 了 五 分钟。

スクリプト和訳
この腕時計は5分間遅れています。

15

スクリプト
Lǐ lǎoshī de shēngrì kuài dào le.
李 老师 的 生日 快 到 了。

スクリプト和訳
李先生の誕生日はもうすぐです。

初級 第3回

第2部分は、放送される質問を聞いて、その後すぐにその質問に対して答える問題です。放送内容を聞いて、聞き取る練習をしましょう。解答例の音声も参考にして、答える練習もしましょう。

16

スクリプト

Jīntiān xīngqī jǐ?
今天 星期 几？

スクリプト和訳

今日は何曜日ですか？

解答例

Jīntiān xīngqīwǔ.
・今天 星期五。

解答例和訳

今日は金曜日です。

17

スクリプト

Nǐ xǐhuan hē chá ma?
你 喜欢 喝 茶 吗？

スクリプト和訳

あなたはお茶を飲むのが好きですか？

解答例

Wǒ xǐhuan hē chá.
・我 喜欢 喝 茶。
Wǒ bù xǐhuan hē chá.
・我 不 喜欢 喝 茶。

解答例和訳

私はお茶を飲むのが好きです。

私はお茶を飲むのが好きではありません。

18

スクリプト

Zuótiān xià yǔ le?
昨天 下 雨 了？

スクリプト和訳

昨日は雨が降りましたか？

解答例

Shì de, zuótiān xià yǔ le.
・是 的, 昨天 下 雨 了。
Zuótiān méiyǒu xià yǔ.
・昨天 没有 下 雨。

解答例和訳

そうです。昨日は雨が降りました。

昨日は雨が降りませんでした。

19

スクリプト

Wǒ ài kàn diànyǐng, nǐ ne?
我 爱 看 电影，你 呢？

スクリプト和訳

私は映画を観るのが好きですが、あなたは？

解答例

Wǒ yě ài kàn diànyǐng.
・我 也 爱 看 电影。
Wǒ bú tài ài kàn diànyǐng.
・我 不 太 爱 看 电影。

解答例和訳

私も映画を観るのが好きです。

私は映画を観るのがあまり好きではありません。

20

スクリプト

Nǐ de péngyou duōbuduō?
你 的 朋友 多不多？

スクリプト和訳

あなたの友達は多いですか？

解答例

Wǒ de péngyou hěn duō.
・我 的 朋友 很 多。
Wǒ de péngyou bù duō.
・我 的 朋友 不 多。

解答例和訳

私の友達は多いです。

私の友達は多くありません。

21

Nǐ jiā lí zhèr hěn yuǎn ba?
你 家 离 这儿 很 远 吧？

スクリプト和訳

あなたの家はここから遠いのでしょう？

解答例

Shì de, wǒ jiā lí zhèr hěn yuǎn.
• 是 的，我 家 离 这儿 很 远。

Wǒ jiā lí zhèr bù yuǎn.
• 我 家 离 这儿 不 远。

解答例和訳

そうです。私の家はここから遠いです。

私の家はここから遠くありません。

22

スクリプト

Nǐ juéde Zhōngguócài zěnmeyàng?
你 觉得 中国菜 怎么样？

スクリプト和訳

あなたは中華料理をどう思いますか？

解答例

Wǒ juéde Zhōngguócài hěn hǎochī.
• 我 觉得 中国菜 很 好吃。

解答例和訳

私は中華料理はおいしいと思います。

23

スクリプト

Nǐ zuì xǐhuan nǎ ge yánsè?
你 最 喜欢 哪个 颜色？

スクリプト和訳

あなたはどの色が最も好きですか？

解答例

Wǒ zuì xǐhuan hóngsè.
• 我 最 喜欢 红色。

解答例和訳

私は赤色が最も好きです。

24

スクリプト

Nǐ wǎnshang hé shéi yìqǐ chī fàn?
你 晚上 和 谁 一起 吃 饭？

スクリプト和訳

あなたは夜に誰と一緒にご飯を食べますか？

解答例

Wǒ wǎnshang hé bàba yìqǐ chī fàn.
• 我 晚上 和 爸爸 一起 吃 饭。

解答例和訳

私は夜に父と一緒にご飯を食べます。

25

スクリプト

Nǐ měitiān yùndòng duō cháng shíjiān?
你 每天 运动 多 长 时间？

スクリプト和訳

あなたは毎日どのくらいの時間運動をしますか？

解答例

Wǒ měitiān yùndòng yí gè xiǎoshí.
• 我 每天 运动 一 个 小时。

解答例和訳

私は毎日1時間運動をします。

第3部分は、問題用紙に印字された質問を読んで、その質問に対して答える問題です。

26

問題文和訳

あなたがどのように中国語を勉強するのかを少し紹介してください。

解答例

Wǒ měigè xīngqīliù shàng yí cì Hànyǔkè. Měicì kè yí gè xiǎoshí. Měitiān wǎnshang dōu huì kàn xuéxíguo
我 每个 星期六 上 一 次 汉语课。每次 课 一 个 小时。每天 晚上 都 会 看 学习过
de dōngxi. Xīngqītiān hái huì hé Zhōngguó péngyou shuōyishuō Hànyǔ. Wǒ xǐhuan kàn Zhōngguó diànyǐng, suīrán tīng
的 东西。星期天 还 会 和 中国 朋友 说一说 汉语。我 喜欢 看 中国 电影，虽然 听
bù dǒng, dànshì wǒ juéde duì xuéxí Hànyǔ hěn hǎo. Wǒ xīwàng mànmàn huì tīng de dǒng.
不 懂，但是 我 觉得 对 学习 汉语 很 好。我 希望 慢慢 会 听 得 懂。

解答例和訳

　私は毎週土曜日に中国語の授業を1回受けます。毎回授業は1時間です。毎晩習い終えた内容を復習します。日曜日には中国人の友人と中国語でちょっと話をします。私は中国映画を観るのが好きです。聞いても分からないですが、中国語の勉強にとって良いと思いますし、だんだんと聞いて分かるようになることを望んでいます。

27

問題文和訳

あなたはいつ本を読むのが好きですか？　なぜですか？

解答例

Wǒ xǐhuan xīngqītiān kàn shū. Yīnwèi wǒ cóng xīngqīyī dào xīngqīwǔ gōngzuò hěn máng, wǎnshang shí diǎn huí
我 喜欢 星期天 看 书。因为 我 从 星期一 到 星期五 工作 很 忙，晚上 十 点 回
jiā. Huídào jiālǐ wǒ yǐjīng hěn lèi le, xiǎng zǎo diǎn shuìjiào, suǒyǐ méiyǒu shíjiān kàn shū. Xīngqītiān yǒu
家。回到 家里 我 已经 很 累 了，想 早 点 睡觉，所以 没有 时间 看 书。星期天 有
shíjiān, hǎohǎo kàn shū, kěyǐ xuéxí, xiǎng wèntí. Wǒ měicì kàn shū de shíhou, hē Zhōngguó chá, chī shuǐguǒ.
时间，好好 看 书，可以 学习，想 问题。我 每次 看 书 的 时候，喝 中国 茶，吃 水果。
Xīngqītiān shì yí gè xīngqī lǐ wǒ zuì xǐhuan de yì tiān.
星期天 是 一 个 星期 里 我 最 喜欢 的 一 天。

解答例和訳

　私は日曜日に本を読むのが好きです。なぜなら私は月曜日から金曜日までは仕事が忙しく、夜10時に家に帰るからです。家に帰ると私はすっかり疲れてしまって、早く寝たいと思います。だから本を読む時間がないのです。日曜日には時間があるので、思う存分本が読めるし、勉強したり、問題を考えたりすることができます。私は本を読む時はいつも、中国茶を飲み、果物を食べます。日曜日は1週間の中で、私が最も好きな一日です。

你好！你叫什么名字？　　　　　　　　　　　　　　　　　　　（10秒）
你是哪国人？　　　　　　　　　　　　　　　　　　　　　　　（10秒）
你的序号是多少？　　　　　　　　　　　　　　　　　　　　　（10秒）

　　好，现在开始第1到15题。每题你会听到一个句子，请在"嘀"声后重复这
个句子。现在开始第1题。

1．爸爸是医生。　　　　　　　　　　　　　　　　　　　　　　（10秒）
2．里面没有人。　　　　　　　　　　　　　　　　　　　　　　（10秒）
3．很高兴认识你。　　　　　　　　　　　　　　　　　　　　　（10秒）
4．我坐出租车回家。　　　　　　　　　　　　　　　　　　　　（10秒）
5．我下个月去北京。　　　　　　　　　　　　　　　　　　　　（10秒）
6．你的女儿很漂亮。　　　　　　　　　　　　　　　　　　　　（10秒）
7．对不起，我不想吃了。　　　　　　　　　　　　　　　　　　（10秒）
8．大家休息一下。　　　　　　　　　　　　　　　　　　　　　（10秒）
9．弟弟比姐姐高。　　　　　　　　　　　　　　　　　　　　　（10秒）
10．唱歌让我很快乐。　　　　　　　　　　　　　　　　　　　　（10秒）
11．这儿的苹果真贵。　　　　　　　　　　　　　　　　　　　　（10秒）
12．我不懂他的意思。　　　　　　　　　　　　　　　　　　　　（10秒）
13．我家在公司旁边。　　　　　　　　　　　　　　　　　　　　（10秒）
14．这块手表慢了五分钟。　　　　　　　　　　　　　　　　　　（10秒）
15．李老师的生日快到了。　　　　　　　　　　　　　　　　　　（10秒）

　　好，现在开始第16到25题。每题你会听到一个问题，请在"嘀"声后回答
这个问题。现在开始第16题。

16．今天星期几？　　　　　　　　　　　　　　　　　　　　　（10秒）
17．你喜欢喝茶吗？　　　　　　　　　　　　　　　　　　　　（10秒）
18．昨天下雨了？　　　　　　　　　　　　　　　　　　　　　（10秒）
19．我爱看电影，你呢？　　　　　　　　　　　　　　　　　　（10秒）
20．你的朋友多不多？　　　　　　　　　　　　　　　　　　　（10秒）
21．你家离这儿很远吧？　　　　　　　　　　　　　　　　　　（10秒）
22．你觉得中国菜怎么样？　　　　　　　　　　　　　　　　　（10秒）
23．你最喜欢哪个颜色？　　　　　　　　　　　　　　　　　　（10秒）
24．你晚上和谁一起吃饭？　　　　　　　　　　　　　　　　　（10秒）
25．你每天运动多长时间？　　　　　　　　　　　　　　　　　（10秒）

　　好，现在开始准备第26到27题，可以在试卷上写提纲，准备时间为7分钟。
准备时间结束。现在开始回答第26题。（1.5分钟）
第26题结束。现在开始回答第27题。（1.5分钟）

　　好，考试现在结束，谢谢你！

初
級
第
3
回

41

問題（放送内容）音声 🎧 21SQ4

第**1**部分 | 問題 p.21

第1部分は放送される文をそのままリピートする問題です。問題（放送内容）音声を聞いてよく練習しましょう。

1

スクリプト
Xiǎo gǒu bú zài zhèr.
小 狗 不 在 这儿。

スクリプト和訳 子犬はここにはいません。

2

スクリプト
Bàba, nǐ de diànhuà.
爸爸, 你 的 电话。

スクリプト和訳 お父さん、あなたに電話ですよ。

3

スクリプト
Hěn gāoxìng rènshi nǐ.
很 高兴 认识 你。

スクリプト和訳 あなたと知り合えてうれしいです。

4

スクリプト
Zhuōzi shàng yǒu shuǐbēi.
桌子 上 有 水杯。

スクリプト和訳 テーブルの上にコップがあります。

5

スクリプト
Mǐfàn zuò hǎo le.
米饭 做 好 了。

スクリプト和訳 （米の）ご飯が炊けました。

6

スクリプト
Wǒ míngtiān xiàwǔ huí jiā.
我 明天 下午 回 家。

スクリプト和訳 私は明日の午後、家に帰ります。

7

スクリプト
Érzi xiǎng qù kàn diànyǐng.
儿子 想 去 看 电影。

スクリプト和訳 息子は映画を見に行きたがっています。

8

スクリプト
Wèi, wǒmen hái méi dào jīchǎng.
喂, 我们 还 没 到 机场。

スクリプト和訳 もしもし、私たちはまだ空港に到着していません。

9

スクリプト
Duō yùndòng duì shēntǐ hǎo.
多 运动 对 身体 好。

スクリプト和訳
たくさん運動することは体にいいです。

10

スクリプト
Jiějie chànggē zhēn hǎotīng.
姐姐 唱歌 真 好听。

スクリプト和訳
姉の歌声は本当にきれいです。

11

スクリプト
Bā diǎn le, kuài qǐchuáng!
八 点 了, 快 起床 !

スクリプト和訳
8時になりましたよ。早く起きて!

12

スクリプト
Yángròu mài de hěn guì.
羊肉 卖 得 很 贵。

スクリプト和訳
羊肉は高く売られています。

13

スクリプト
Zhè shì yíkuài xīn shǒubiǎo.
这 是 一块 新 手表。

スクリプト和訳
これは新しい腕時計です。

14

スクリプト
Dàjiā xiūxi yíxià.
大家 休息 一下。

スクリプト和訳
皆さん少し休憩してください。

15

スクリプト
Nǚér yǐjīng bǐ wǒ gāo le.
女儿 已经 比 我 高 了。

スクリプト和訳
娘はもう私より(背が)高くなりました。

初級 第4回

第2部分は、放送される質問を聞いて、その後すぐにその質問に対して答える問題です。放送内容を聞いて、聞き取る練習をしましょう。解答例の音声も参考にして、答える練習もしましょう。

16

スクリプト

Xiànzài tiānqì zěnmeyàng?
现在 天气 怎么样？

スクリプト和訳

今天気はどうですか？

解答例

Xiànzài zhèngzài xià yǔ.
・现在 正在 下 雨。

解答例和訳

今はちょうど雨が降っています。

17

スクリプト

Nǐ zhōngwǔ zài fàndiàn chī fàn ma?
你 中午 在 饭店 吃 饭 吗？

スクリプト和訳

あなたはお昼にホテルでご飯を食べますか？

解答例

Shì de, wǒ zhōngwǔ zài fàndiàn chī fàn.
・是 的，我 中午 在 饭店 吃 饭。
Bù, wǒ zhōngwǔ huí jiā chī fàn.
・不，我 中午 回家 吃 饭。

解答例和訳

そうです。私はお昼にホテルでご飯を食べます。
いいえ。私はお昼に家に帰ってご飯を食べます。

18

スクリプト

Wǒ měitiān dōu hē chá, nǐ ne?
我 每天 都 喝 茶，你 呢？

スクリプト和訳

私は毎日お茶を飲みますが、あなたは？

解答例

Wǒ yě měitiān dōu hē chá.
・我 也 每天 都 喝 茶。
Wǒ hěn shǎo hē chá.
・我 很 少 喝 茶。

解答例和訳

私も毎日お茶を飲みます。
私はめったにお茶を飲みません。

19

スクリプト

Nǐ gōngzuò le?
你 工作 了？

スクリプト和訳

あなたは仕事をしていますか？

解答例

Shì a, wǒ shàng gè yuè kāishǐ
・是 啊，我 上 个 月 开始
gōngzuò de.
工作 的。

解答例和訳

そうなのですよ。私は先月仕事を始めたのです。

20

スクリプト

Nǐ jīntiān zěnme lái zhèr de?
你 今天 怎么 来 这儿 的？

スクリプト和訳

あなたは今日どうやってここに来ましたか？

解答例

Wǒ zuò gōnggòng qìchē lái de.
・我 坐 公共 汽车 来 的。

解答例和訳

私はバスに乗って来たのです。

21

Nǐ ài chuān nǎ ge yánsè de yīfu?
你 爱 穿 哪 个 颜色 的 衣服？

スクリプト和訳

あなたはどの色の服を着るのが好きですか？

解答例

Wǒ ài chuān báisè de yīfu.
・我 爱 穿 白色 的 衣服。

解答例和訳

私は白い服を着るのがとても好きです。

22

スクリプト

Nǐ yì nián lǚyóu jǐ cì?
你 一 年 旅游 几 次？

スクリプト和訳

あなたは1年に何回旅行をしますか？

解答例

Wǒ yì nián lǚyóu liǎng cì.
・我 一 年 旅游 两 次。

解答例和訳

私は1年に2回旅行をします。

23

スクリプト

Nǐ jiā pángbiān yǒuméiyǒu bīnguǎn?
你 家 旁边 有没有 宾馆？

スクリプト和訳

あなたの家のそばにホテルはありますか？

解答例

Wǒ jiā pángbiān yǒu yì jiā bīnguǎn.
・我 家 旁边 有 一 家 宾馆。
Wǒ jiā pángbiān méiyǒu bīnguǎn.
・我 家 旁边 没有 宾馆。

解答例和訳

私の家のそばにホテルが1軒あります。

私の家のそばにはホテルがありません。

24

スクリプト

Yí gè xiǎoshí yǒu duōshao fēnzhōng?
一 个 小时 有 多少 分钟？

スクリプト和訳

1時間は何分間ありますか？

解答例

Yí gè xiǎoshí yǒu liùshí fēnzhōng.
・一 个 小时 有 60 分钟。

解答例和訳

1時間は60分間あります。

25

スクリプト

Nǐ xǐhuan wèn wèntí ma?
你 喜欢 问 问题 吗？

スクリプト和訳

あなたは質問をするのが好きですか？

解答例

Wǒ hěn xǐhuan wèn wèntí.
・我 很 喜欢 问 问题。
Wǒ bù xǐhuan wèn wèntí.
・我 不 喜欢 问 问题。

解答例和訳

私は質問をするのがとても好きです。

私は質問をするのが好きではありません。

初級 第4回

解答例音声
🎧 21SQ4-kaito3

第3部分は、問題用紙に印字された質問を読んで、その質問に対して答える問題です。

26

問題文和訳

あなたの最も気に入っているお店を1軒紹介してください。

解答例

Wǒ zuì xǐhuan xuéxiào pángbiān de nà jiā shāngdiàn. Nàlǐ lí xuéxiào hěn jìn, dōngxi piányi, fúwùyuán yě
我 最 喜欢 学校 旁边 的 那 家 商店 。那里 离 学校 很 近, 东西 便宜, 服务员 也
hěn hǎo. Nà jiā shāngdiàn fēicháng dà, shénme dōu mǎi de dào sì lóu hái yǒu diànyǐngguǎn. Xiàkè hòu, wǒ hé
很 好。那 家 商店 非常 大, 什么 都 买 得 到, 四楼 还 有 电影馆 。下课 后, 我 和
tóngxuémen yìqǐ qù nàlǐ chī dōngxi, kànkan yīfu, hái huì kàn diànyǐng. Suǒyǐ wǒ xǐhuan nà jiā shāngdiàn.
同学们 一起 去 那里 吃 东西, 看看 衣服, 还 会 看 电影 。所以 我 喜欢 那 家 商店 。

解答例和訳

私は学校のそばのあのお店が最も気に入っています。そこは学校から近く、品物は安く、店員も
いいです。そのお店はとても大きく、なんでも買えて、4階には映画館まであります。放課後、私は
同級生たちと一緒にそこに行きものを食べたり、洋服を見たり、さらに映画を観ることもできます。
なので、私はあのお店が気に入っています。

27

問題文和訳

あなたの誕生日は何日（いつ）ですか？　誕生日の日にはあなたは何をしますか？

解答例

Wǒ de shēngrì shì   yuè   rì. Shēngrì nà tiān wǒ huì hé hǎo péngyou yìqǐ qù kàn diànyǐng, qù chī
我 的 生日 是 6 月 28 日。生日 那 天 我 会 和 好 朋友 一起 去 看 电影, 去 吃
Zhōngguócài. Wǎnshang zài jiālǐ wǒ hé bàba māma yìqǐ chī fàn, chàng gē, tāmen hái huì sòng wǒ shēngrì
中国菜 。 晚上 在 家里 我 和 爸爸 妈妈 一起 吃饭, 唱 歌, 他们 还 会 送 我 生日
lǐwù. Qùnián tāmen sòng wǒ xīn de diànnǎo, xiànzài měitiān dōu yòng diànnǎo zuò zuòyè、kàn diànyǐng、mǎi
礼物。去年 他们 送 我 新 的 电脑, 现在 每天 都 用 电脑 做 作业、看 电影、买
dōngxi. Wǒ měinián shēngrì nàtiān fēicháng gāoxìng, shuìjiào huì hěn wǎn.
东西。我 每年 生日 那天 非常 高兴, 睡觉 会 很 晚。

解答例和訳

私の誕生日は6月28日です。誕生日当日には私は仲の良い友達と一緒に映画を見に行ったり、
中華料理を食べに行きます。夜は家で私は父と母と一緒にご飯を食べ、歌を歌います。彼ら（両
親）はさらに私に誕生日のプレゼントをくれます。去年両親は私に新しいパソコンをくれました。
今では毎日パソコンを使って宿題をしたり、映画を観たり、ショッピングしたりしています。私は毎
年、誕生日当日はとても楽しくて、夜遅くなってから寝ます。

你好！你叫什么名字？　　　　　　　　　　　　　　　　　　　　　　（10秒）
你是哪国人？　　　　　　　　　　　　　　　　　　　　　　　　　　　（10秒）
你的序号是多少？　　　　　　　　　　　　　　　　　　　　　　　　　（10秒）

　　好，现在开始第1到15题。每题你会听到一个句子，请在"嘀"声后重复这个句子。现在开始第1题。

1. 小狗不在这儿。　　　　　　　　　　　　　　　　　　　　　　　　（10秒）
2. 爸爸，你的电话。　　　　　　　　　　　　　　　　　　　　　　　（10秒）
3. 很高兴认识你。　　　　　　　　　　　　　　　　　　　　　　　　（10秒）
4. 桌子上有水杯。　　　　　　　　　　　　　　　　　　　　　　　　（10秒）
5. 米饭做好了。　　　　　　　　　　　　　　　　　　　　　　　　　（10秒）
6. 我明天下午回家。　　　　　　　　　　　　　　　　　　　　　　　（10秒）
7. 儿子想去看电影。　　　　　　　　　　　　　　　　　　　　　　　（10秒）
8. 喂，我们还没到机场。　　　　　　　　　　　　　　　　　　　　　（10秒）
9. 多运动对身体好。　　　　　　　　　　　　　　　　　　　　　　　（10秒）
10. 姐姐唱歌真好听。　　　　　　　　　　　　　　　　　　　　　　（10秒）
11. 八点了，快起床！　　　　　　　　　　　　　　　　　　　　　　（10秒）
12. 羊肉卖得很贵。　　　　　　　　　　　　　　　　　　　　　　　（10秒）
13. 这是一块新手表。　　　　　　　　　　　　　　　　　　　　　　（10秒）
14. 大家休息一下。　　　　　　　　　　　　　　　　　　　　　　　（10秒）
15. 女儿已经比我高了。　　　　　　　　　　　　　　　　　　　　　（10秒）

　　好，现在开始第16到25题。每题你会听到一个问题，请在"嘀"声后回答这个问题。现在开始第16题。

16. 现在天气怎么样？　　　　　　　　　　　　　　　　　　　　　　（10秒）
17. 你中午在饭店吃饭吗？　　　　　　　　　　　　　　　　　　　　（10秒）
18. 我每天都喝茶，你呢？　　　　　　　　　　　　　　　　　　　　（10秒）
19. 你工作了？　　　　　　　　　　　　　　　　　　　　　　　　　（10秒）
20. 你今天怎么来这儿的？　　　　　　　　　　　　　　　　　　　　（10秒）
21. 你爱穿哪个颜色的衣服？　　　　　　　　　　　　　　　　　　　（10秒）
22. 你一年旅游几次？　　　　　　　　　　　　　　　　　　　　　　（10秒）
23. 你家旁边有没有宾馆？　　　　　　　　　　　　　　　　　　　　（10秒）
24. 一个小时有多少分钟？　　　　　　　　　　　　　　　　　　　　（10秒）
25. 你喜欢问问题吗？　　　　　　　　　　　　　　　　　　　　　　（10秒）

　　好，现在开始准备第26到27题，可以在试卷上写提纲，准备时间为7分钟。
　　准备时间结束。现在开始回答第26题。（1.5分钟）
　　第26题结束。现在开始回答第27题。（1.5分钟）

　　好，考试现在结束，谢谢你！

初級　第4回

※すべての放送内容のスクリプトは53ページにもあります。

問題（放送内容）音声 🎧 21SQ5

| 第1部分 | 問題 p.22 |

第1部分は放送される文をそのままリピートする問題です。問題（放送内容）音声を聞いてよく練習しましょう。

1

スクリプト
Tā shì wǒ de tóngxué.
他 是 我 的 同学。

スクリプト和訳　彼は私の同級生です。

2

スクリプト
Tā de nǚér jīnnián qī suì.
她 的 女儿 今年 七 岁。

スクリプト和訳　彼女の娘さんは今年7歳です。

3

スクリプト
Zàijiàn, míngtiān jiàn!
再见，明天 见！

スクリプト和訳　さようなら。また明日！

4

スクリプト
Zhè yīfu tài xiǎo le.
这 衣服 太 小 了。

スクリプト和訳　この服は大変小さいです。

5

スクリプト
Wǒ shàngwǔ kàn le yì běn shū.
我 上午 看 了 一 本 书。

スクリプト和訳　私は午前中に1冊の本を読みました。

6

スクリプト
Nǐ de bēizi bú zài zhèr.
你 的 杯子 不 在 这儿。

スクリプト和訳　あなたのコップはここにはありません。

7

スクリプト
Bàba hěn gāoxìng.
爸爸 很 高兴。

スクリプト和訳　父は喜んでいます。

8

スクリプト
Jiějie zài fàndiàn zuò fúwùyuán.
姐姐 在 饭店 做 服务员。

スクリプト和訳　姉はホテルで従業員をしています。

9

スクリプト
Tā měitiān liù diǎn qǐchuáng.
他 每天 六 点 起床。

スクリプト和訳
彼は毎日6時に起きます。

10

スクリプト
Tā jiā lí gōngsī fēicháng jìn.
他 家 离 公司 非常 近。

スクリプト和訳
彼の家は会社から非常に近いです。

11

スクリプト
Wǒmen qù qiánmiàn děng chūzūchē ba.
我们 去 前面 等 出租车 吧。

スクリプト和訳
私たちは前の方に行ってタクシーを待ちましょう。

12

スクリプト
Míngtiān kěnéng huì xià xuě.
明天 可能 会 下 雪。

スクリプト和訳
明日は雪が降るかもしれません。

13

スクリプト
Tā Hànyǔ shuō de zhēn hǎo.
她 汉语 说 得 真 好。

スクリプト和訳
彼女は中国語を話すのが本当に上手です。

14

スクリプト
Gēge mǎi le yí gè xīn shǒujī.
哥哥 买 了 一 个 新 手机。

スクリプト和訳
兄は新しい携帯電話を1つ買いました。

15

スクリプト
Wǎnshang bié hē zhème duō kāfēi.
晚上 别 喝 这么 多 咖啡。

スクリプト和訳
夜はこんなにたくさんコーヒーを飲んではいけません。

第2部分は、放送される質問を聞いて、その後すぐにその質問に対して答える問題です。放送内容を聞いて、聞き取る練習をしましょう。解答例の音声も参考にして、答える練習もしましょう。

16

スクリプト
Zhè jǐ tiān tiānqì zěnmeyàng?
这 几 天 天气 怎么样？

スクリプト和訳
ここ数日の天気はどうですか？

解答例
Zhè jǐ tiān tiānqì hěn hǎo.
・这 几 天 天气 很 好。
Zhè jǐ tiān tiānqì bú tài hǎo.
・这 几 天 天气 不 太 好。

解答例和訳
ここ数日の天気は良いです。
ここ数日の天気はあまり良くありません。

17

スクリプト
Nǐ gōngzuò le?
你 工作 了？

スクリプト和訳
あなたは仕事をしていますか？

解答例
Bú shì, wǒ shì xuéshēng.
・不 是，我 是 学生。
Hái méi kāishǐ gōngzuò.
还 没 开始 工作。

解答例和訳
いいえ、私は学生です。
まだ仕事を始めていません。

18

スクリプト
Jīntiān nǐ zěnme huí jiā?
今天 你 怎么 回 家？

スクリプト和訳
今日あなたはどうやって家に帰りますか？

解答例
Jīntiān wǒ zuò chūzūchē huí jiā.
・今天 我 坐 出租车 回 家。

解答例和訳
今日私はタクシーに乗って家に帰ります。

19

スクリプト
Nǐ ài chī shénme shuǐguǒ?
你 爱 吃 什么 水果？

スクリプト和訳
あなたはどんな果物を食べるのが好きですか？

解答例
Wǒ ài chī píngguǒ.
・我 爱 吃 苹果。

解答例和訳
私はリンゴを食べるのがとても好きです。

20

スクリプト
Nǐ yǒu Zhōngguó péngyou ma?
你 有 中国 朋友 吗？

スクリプト和訳
あなたは中国人の友達がいますか？

解答例
Wǒ yǒu Zhōngguó péngyou.
・我 有 中国 朋友。
Wǒ méiyǒu Zhōngguó péngyou.
・我 没有 中国 朋友。

解答例和訳
私は中国人の友達がいます。
私は中国人の友達がいません。

21

Wǒ měitiān dōu zuò fàn, nǐ ne?
我 每天 都 做 饭，你 呢？

スクリプト和訳

私は毎日ご飯を作りますが、あなたは？

解答例

Wǒ yě měitiān dōu zuò fàn.
・我 也 每天 都 做 饭。
Wǒ hěn shǎo zuò fàn.
・我 很 少 做 饭。

解答例和訳

私も毎日ご飯を作ります。

私はめったにご飯を作りません。

22

スクリプト

Nǐ xīwàng qù nǎ lǐ lǚyóu?
你 希望 去 哪 里 旅游？

スクリプト和訳

あなたはどこに旅行に行くことを望みますか？

解答例

Wǒ xīwàng qù Zhōngguó lǚyóu.
・我 希望 去 中国 旅游。

解答例和訳

私は中国に旅行に行きたいと思っています。

23

スクリプト

Nǐ zuì xǐhuan nǎ ge yánsè?
你 最 喜欢 哪 个 颜色？

スクリプト和訳

あなたはどの色が最も好きですか？

解答例

Wǒ zuì xǐhuan báisè.
・我 最 喜欢 白色。

解答例和訳

私は白色が最も好きです。

24

スクリプト

Nǐ yí gè xīngqī yùndòng jǐ cì?
你 一 个 星期 运动 几 次？

スクリプト和訳

あなたは1週間に何回運動をしますか？

解答例

Wǒ yí gè xīngqī yùndòng sān cì.
・我 一 个 星期 运动 三 次。

解答例和訳

私は1週間に3回運動をします。

25

スクリプト

Nǐ kàn guo de diànyǐng duōbuduō?
你 看 过 的 电影 多不多？

スクリプト和訳

あなたが観たことのある映画は多いですか？

解答例

Wǒ kànguo de diànyǐng hěn duō.
・我 看过 的 电影 很 多。
Wǒ kànguo de diànyǐng bù duō.
・我 看过 的 电影 不 多。

解答例和訳

私が観たことのある映画は多いです。

私が観たことのある映画は多くありません。

第3部分は、問題用紙に印字された質問を読んで、その質問に対して答える問題です。

26

問題文和訳

あなたの勉強に対して誰が最も大きく手助けしてくれていますか？　少し紹介してください。

解答例

Wǒ de bàba duì wǒ de xuéxí bāngzhù zuì dà. Yīnwèi wǒ de bàba shì lǎoshī, suǒyǐ tā zhīdào hěn duō
我 的 爸爸 对 我 的 学习 帮助 最 大。因为 我 的 爸爸 是 老师，所以 他 知道 很 多
dōngxi, jiāo de hěn hǎo. Měigè xīngqīliù chī wǎnfàn hòu, bàba gěi wǒ shíjiān, wǒ zài xuéxí shàng yǒu bù dǒng
东西，教 得 很 好。每个 星期六 吃 晚饭 后，爸爸 给 我 时间，我 在 学习 上 有 不 懂
de wèntí huì wèn tā, tā měicì dōu huì jiāo wǒ. Tā hái jiāo wǒ zěnme xuéxí hǎo. Tā duì wǒ shuōguo:
的 问题 会 问 他，他 每次 都 会 教 我。他 还 教 我 怎么 学习 好。他 对 我 说过：
"měitiān dōu yào xué yí gè xiǎoshí. Bù dǒng de wèntí xiě yí xià, wèn wǒ." Wǒ tīng bàba de huà, xiànzài yě
"每天 都 要 学 一 个 小时。不 懂 的 问题 写 一 下，问 我。"我 听 爸爸 的 话，现在 也
měitiān xué yí gè xiǎoshí, xiǎo wèntí yě wènwen bàba.
每天 学 一 个 小时，小 问题 也 问问 爸爸。

解答例和訳

　私の父は私の勉強に対して最も大きく手助けしてくれています。なぜなら父は教師なので、たくさんのことを知っており、教えるのが上手だからです。毎週土曜日、晩ご飯を食べた後、父は私に時間をくれるので、勉強の上で分からない問題を質問すると、父はいつも教えてくれます。父はさらに私に、どうしたらよく学べるかを教えてくれます。父は私にこう話してくれたことがあります。「毎日1時間勉強することと、分からない問題は書いておいて、私に質問しなさい。」と。私は父の言うことを聞いて、今も毎日1時間勉強し、小さな問題も父に質問しています。

27

問題文和訳

あなたが面白いと思う出来事を1つ話してみてください。

解答例

Wǒ juéde hé jiějie de érzi yìqǐ wán hěn yǒu yìsi. Tā hěn xǐhuan wǒ. Měicì kànjiàn wǒ dōu hěn
我 觉得 和 姐姐 的 儿子 一起 玩 很 有 意思。他 很 喜欢 我。每次 看见 我 都 很
gāoxìng. Wǒ xǐhuan yùndòng, tā yě xǐhuan. Wǒmen huì yìqǐ dǎ lánqiú, tī zúqiú.
高兴。我 喜欢 运动，他 也 喜欢。我们 会 一起 打 篮球，踢 足球。

解答例和訳

　私は姉の息子と一緒に遊ぶのが面白いと思います。彼は私のことが好きです。私を見かけるといつも喜びます。私は運動が好きで、彼も（運動が）好きです。私たちはバスケットボールをしたり、サッカーをしたりします。

你好！你叫什么名字？　　　　　　　　　　　　　　　　　　　（10秒）
你是哪国人？　　　　　　　　　　　　　　　　　　　　　　　（10秒）
你的序号是多少？　　　　　　　　　　　　　　　　　　　　　（10秒）

　好，现在开始第1到15题。每题你会听到一个句子，请在"嘀"声后重复这个句子。现在开始第1题。

  1. 他是我的同学。　　　　　　　　　　　　　　　　　　　（10秒）
  2. 她的女儿今年七岁。　　　　　　　　　　　　　　　　　（10秒）
  3. 再见，明天见！　　　　　　　　　　　　　　　　　　　（10秒）
  4. 这衣服太小了。　　　　　　　　　　　　　　　　　　　（10秒）
  5. 我上午看了一本书。　　　　　　　　　　　　　　　　　（10秒）
  6. 你的杯子不在这儿。　　　　　　　　　　　　　　　　　（10秒）
  7. 爸爸很高兴。　　　　　　　　　　　　　　　　　　　　（10秒）
  8. 姐姐在饭店做服务员。　　　　　　　　　　　　　　　　（10秒）
  9. 他每天六点起床。　　　　　　　　　　　　　　　　　　（10秒）
 10. 他家离公司非常近。　　　　　　　　　　　　　　　　　（10秒）
 11. 我们去前面等出租车吧。　　　　　　　　　　　　　　　（10秒）
 12. 明天可能会下雪。　　　　　　　　　　　　　　　　　　（10秒）
 13. 她汉语说得真好。　　　　　　　　　　　　　　　　　　（10秒）
 14. 哥哥买了一个新手机。　　　　　　　　　　　　　　　　（10秒）
 15. 晚上别喝这么多咖啡。　　　　　　　　　　　　　　　　（10秒）

　好，现在开始第16到25题。每题你会听到一个问题，请在"嘀"声后回答这个问题。现在开始第16题。

 16. 这几天天气怎么样？　　　　　　　　　　　　　　　　　（10秒）
 17. 你工作了？　　　　　　　　　　　　　　　　　　　　　（10秒）
 18. 今天你怎么回家？　　　　　　　　　　　　　　　　　　（10秒）
 19. 你爱吃什么水果？　　　　　　　　　　　　　　　　　　（10秒）
 20. 你有中国朋友吗？　　　　　　　　　　　　　　　　　　（10秒）
 21. 我每天都做饭，你呢？　　　　　　　　　　　　　　　　（10秒）
 22. 你希望去哪里旅游？　　　　　　　　　　　　　　　　　（10秒）
 23. 你最喜欢哪个颜色？　　　　　　　　　　　　　　　　　（10秒）
 24. 你一个星期运动几次？　　　　　　　　　　　　　　　　（10秒）
 25. 你看过的电影多不多？　　　　　　　　　　　　　　　　（10秒）

　好，现在开始准备第26到27题，可以在试卷上写提纲，准备时间为7分钟。
　准备时间结束。现在开始回答第26题。（1.5分钟）
　第26题结束。现在开始回答第27题。（1.5分钟）

　好，考试现在结束，谢谢你！

初級　第5回

53

HSK口頭試験　中級

・HSK口頭試験（中級）の内容と流れ・・・・・・・・・・・・・・ P.56～P.60

・中級　問題　第１回～第５回・・・・・・・・・・・・・・・・・・・・・ P.62～P.66

・中級　解答・解答例・放送内容スクリプト
　第１回～第５回・・・・・・・・・・・・・・・・・・・・・・・・・・・・・・ P.68～P.97

HSK 口頭試験（中級）の内容と流れ

HSK口試（中級）は受験生の会話能力を判定するテストです。

「中国語を母語とする者と中国語で流暢にコミュニケーションをとることができる」ことが求められます。

※2023年7月試験時点

学習目安

900語前後の常用単語を習得している者を対象としています。

主に週に2～3コマ（1コマ45分程度）の授業を1～2年程度学習した学習者を対象としています。

点数と評価

HSK口試（中級）は100点満点で評価されます。

60点が合格ラインです。

試験概要

HSK口試（中級）の試験内容は、合計14問、3分野で、全て録音方式のテストです。

放送は全て中国語で行われます。

試験内容

HSK口試（中級）：約21分間（放送回数1回）

パート	形式	問題内容	問題数	時間
第1部分	復唱	放送を聞いて、その文章を復唱する。	10題	3分
	（準備時間）	（第2部分、第3部分に対する解答の準備）		10分
第2部分	写真を見て話す	問題用紙にある1枚の写真を見ながら、それについて話す。	2題	4分
第3部分	読み取り	問題用紙に書かれた2つの質問（ピンイン付記）に対して答える。	2題	4分

・試験開始の前に、口試カードに必要事項を記入したり、録音機器確認をしたりする時間があります。
・放送開始後、姓名・国籍・受験番号を質問する音声が流れるので、答えてください。
・第2部分開始の前に、第2部分、第3部分の準備時間（答える内容を受験生が考える時間）がまとめて10分間与えられます。
・試験時間中には問題用紙に自由にメモを取ることが可能です。
・録音機器の操作については別途提示される説明資料を参照してください。

第1部分 （復唱）：録音時間は各問約10秒

- 中国語で第1〜10問を始めるという内容の放送があった後、直ちに問題文の放送が開始されます。
- 問題文はそれぞれ1回しか放送されないので、問題放送後にチャイムが鳴った後、直ちに復唱してください。

第2部分 （写真を見て話す） 第3部分 （読み取り）：録音時間は各問約2分

- 中国語で第11〜14問の準備時間が始まるという内容の放送があり、この後直ちに準備時間が開始されます。
- 準備時間は第2部分、第3部分の全て（第11問〜14問）に対して10分間がまとめて提供されるので、準備漏れのないように気をつけましょう。
- 準備時間終了後、中国語で準備時間が終わり、第11問に答え始めるという内容の放送があるので、解答を始めてください。その後も第14問まで、中国語で、前の問題が終わり次の問題が始まるという内容の放送がありますので、同様に解答を始めてください。
- 録音可能時間は第2部分も第3部分も各問約2分間です。

◆個人情報録音部分

　まずはじめに、氏名・国籍・受験番号を質問する音声が流れますので、10秒以内で答えてください。それらの質問もすべて中国語で行われ、すべて中国語で答える必要がありますので、本番であせらないようにあらかじめ答え方も練習しておきましょう。放送内容にはスクリプトにも印刷されています。

放送内容	放送内容和訳
你好！你叫什么名字？	こんにちは！あなたの名前は何ですか？
答え方の例	**答え方の例和訳**
我叫田中太郎。	私の名前は田中太郎です。

放送内容	放送内容和訳
你是哪国人？	あなたはどの国の人ですか？
答え方の例	**答え方の例和訳**
我是日本人。	私は日本人です。

放送内容	放送内容和訳
你的序号是多少？	あなたの受験番号は何番ですか？
答え方の例	**答え方の例和訳**
我的序号是45678。	私の受験番号は45678です。

◆試験開始後　※問題内容とその解答例は各回の解答・解答例のページをご覧下さい。

（第1部分の始まり）

放送内容

好，现在开始第1到10题。每题你会听到一个句子，请在"嘀"声后重复这个句子。现在开始第1题。（3秒）1（問題文）（♪チャイム音）…

放送内容和訳

はい。これから第1問から第10問までを始めます。問題ごとに1つの文が聞こえますので、チャイム音の後にこのフレーズを復唱してください。これから第1問を始めます。（3秒）1（問題文）（♪チャイム音）…

このチャイム音の後に、読み上げられた問題文をリピートします。その後は、同様に第2問〜第10問まで、「問題番号→問題文→チャイム音」の順に流れます。チャイム音の後、約10秒後には次の問題に移りますので、注意しましょう。

（第2部分・第3部分の始まり）

> **放送内容**
>
> 好，现在开始准备第11到14题，可以在试卷上写提纲，准备时间为10分钟。
>
> **放送内容和訳**
>
> はい。これから第11問から第14問までの準備を始めます。問題用紙にメモを書いても結構です。準備時間は10分間です。

　第2部分が第10問まで終わると、上記の内容が放送されます。次の第11問から第14問までの写真や問題は問題用紙に印刷されています。それらを見て、10分間で答える準備をしましょう。

> **放送内容**
>
> 准备时间结束。现在开始回答第11题。
>
> **放送内容和訳**
>
> 準備時間終了です。これから第11問に答え始めてください。

　準備時間終了のアナウンスが流れ、第11問が始まります。

　第11問に答える時間（約2分間）が終わると、次のアナウンスが流れます。

> **放送内容**
>
> 第11题结束。现在开始回答第12题。
>
> **放送内容和訳**
>
> 第11問終了です。これから第12問に答え始めてください。

　上記のアナウンスが、同様に第14問まで続きます。

第14問に答える時間（約2分）が終わると、試験終了を告げる以下のアナウンスが流れ、終了です。

中級

問　題

第 1 回 ・・・・・・・・・・・・・・・・・・ P.62

第 2 回 ・・・・・・・・・・・・・・・・・・ P.63

第 3 回 ・・・・・・・・・・・・・・・・・・ P.64

第 4 回 ・・・・・・・・・・・・・・・・・・ P.65

第 5 回 ・・・・・・・・・・・・・・・・・・ P.66

第 **1** 回

第 **1** 部分

第 1-10 题　听后重复。

第 **2** 部分

第 11-12 题　看图说话。

11.（2分钟）

12.（2分钟）

第 **3** 部分

第 13-14 题　回答问题。

Duì nǐ yīngxiǎng zuì dà de yí gè rén shì shéi？ Qǐng jǔlì tántan.

13. 对 你 影响 最 大 的 一 个 人 是 谁 ？ 请 举例 谈谈。（2分钟）

Yǒu de gōngsī bú tài yuànyì zhāopìn gāng bìyè de dàxuéshēng, juéde tāmen méiyǒu

14. 有 的 公司 不 太 愿意 招聘 刚 毕业 的 大学生，觉得 他们 没有
gōngzuò jīngyàn. Nǐ tóngyì zhè zhǒng zuòfǎ ma？ Wèi shénme？
工作 经验。你 同意 这 种 做法 吗 ？ 为 什么 ？ （2分钟）

第 **2** 回

問題〈放送内容〉音声 🎧 21CQ2

第 **1** 部分

第 1-10 题 听后重复。

第 **2** 部分

第 11-12 题 看图说话。

11.（2分钟）

12.（2分钟）

第 **3** 部分

第 13-14 题 回答问题。

13. Nǐ rènwéi zìjǐ zuì dà de quēdiǎn shì shénme? Tā gěi nǐ dàiláile nǎxiē bù hǎo
你 认为 自己 最 大 的 缺点 是 什么？它 给 你 带来了 哪些 不 好
de yīngxiǎng?
的 影响？（2分钟）

14. Rúguǒ nǐ yǒu yì nián de jiàqī, nǐ huì zěnme ānpái?
如果 你 有 一 年 的 假期，你 会 怎么 安排？（2分钟）

中级 第2回

63

第1部分

第1-10题 听后重复。

第2部分

第11-12题 看图说话。

11.（2分钟）

12.（2分钟）

第3部分

第13-14题 回答问题。

13.
Rénmen cháng shuō "xìngqù shì zuì hǎo de lǎoshī". Nǐ tóngyì ma?
人们 常 说 "兴趣 是 最 好 的 老师"。你 同意 吗 ?
Wèi shénme?
为 什么 ? （2分钟）

14.
Dāng bèi biérén wùhuì shí, nǐ huì zěnme bàn?
当 被 别人 误会 时，你 会 怎么 办 ？ （2分钟）

第4回

第1部分

第1-10题　听后重复。

第2部分

第11-12题　看图说话。

11.（2分钟）

12.（2分钟）

第3部分

第13-14题　回答问题。

Rúguǒ nǐ yào qù cānjiā yì jiā gōngsī de miànshì, nǐ huì tíqián zuò nǎxiē zhǔnbèi?
13. 如果 你 要 去 参加 一 家 公司 的 面试，你 会 提前 做 哪些 准备？

（2分钟）

Zài háizi de jiàoyù shàng, nǐ rènwéi fùmǔ hé lǎoshī shéi de yǐngxiǎng gèng dà?
14. 在 孩子 的 教育 上，你 认为 父母 和 老师 谁 的 影响 更 大？

Wèi shénme?
为 什么？（2分钟）

問題（放送内容）音声 🎧 21CQ5

第1部分

第1-10題　听后重复。

第2部分

第11-12題　看图说话。

11.（2分钟）

12.（2分钟）

第3部分

第13-14題　回答问题。

13. Rúguǒ nǐ huòdéle yí gè qù Zhōngguó lǚxíng de jīhuì, nǐ huì zěnyàng jìhuà?
如果 你 获得了 一 个 去 中国 旅行 的 机会，你 会 怎样 计划？

（2分钟）

14. Zhǎo gōngzuò shí, nǐ huì shǒuxiān kǎolǜ xìngqù háishì jiānglái de fāzhǎn? Wèi shénme?
找 工作 时，你 会 首先 考虑 兴趣 还是 将来 的 发展？为 什么？

（2分钟）

中級

解答・解答例・放送内容スクリプト

第1回 ・・・・・・・・・・・・・ P.68 ～ P.73

第2回 ・・・・・・・・・・・・・ P.74 ～ P.79

第3回 ・・・・・・・・・・・・・ P.80 ～ P.85

第4回 ・・・・・・・・・・・・・ P.86 ～ P.91

第5回 ・・・・・・・・・・・・・ P.92 ～ P.97

※すべての放送内容のスクリプトは73ページにもあります。

問題（放送内容）音声 🎧 🔊 21CQ1

第 **1** 部分 | 問題 p.62

第1部分は放送される文をそのままリピートする問題です。問題（放送内容）音声を聞いてよく練習しましょう。

1

スクリプト
Wǒ yào qù jīchǎng jiē shūshu.
我 要 去 机场 接 叔叔。

スクリプト和訳 私は叔父を迎えに空港に行かなければなりません。

2

スクリプト
Nǐ dìdi zhēn cōngmíng a!
你 弟弟 真 聪明 啊！

スクリプト和訳 あなたの弟は本当に賢いですね！

3

スクリプト
Fúwùyuán, qǐng bǎ càidān ná gěi wǒ.
服务员，请 把 菜单 拿 给 我。

スクリプト和訳 （店員に）すみませんが、メニューを持ってきてください。

4

スクリプト
Tā jīngcháng biān tīng yīnyuè biān pǎobù.
她 经常 边 听 音乐 边 跑步。

スクリプト和訳 彼女はよく音楽を聴きながらジョギングをしています。

5

スクリプト
Gēn tā liáotiānr tèbié yǒu yìsi.
跟 他 聊天儿 特别 有 意思。

スクリプト和訳 彼とおしゃべりをするのは非常に面白いです。

6

スクリプト
Diàochá jiéguǒ yǐjīng chūlai le.
调查 结果 已经 出来 了。

スクリプト和訳 調査結果はすでに出ています。

7

スクリプト
Wǒ shízài shòubuliǎo nánfāng de qìhòu.
我 实在 受不了 南方 的 气候。

スクリプト和訳 私は南方の気候に本当に耐えられません。

8

スクリプト
Tā zuì dà de quēdiǎn jiùshì méiyǒu nàixīn.
他 最 大 的 缺点 就是 没有 耐心。

スクリプト和訳 彼の最大の欠点は根気がないことです。

9

> スクリプト

Bǎohù huánjìng xūyào dàjiā gòngtóng nǔlì.
保护 环境 需要 大家 共同 努力。

> スクリプト和訳

環境を保護するにはみんなで共に努力することが必要です。

10

> スクリプト

Duìyú zhè jiàn shì, wǒ gǎndào shífēn bàoqiàn.
对于 这 件 事, 我 感到 十分 抱歉。

> スクリプト和訳

この件について、私は大変申し訳なく感じています。

| 第 2 部分 | 問題 p.62 | 解答例音声 21CQ1-kaito2 |

第2部分は、写真を見て話す問題です。解答例はあくまでも一例ですが参考にしてください。また、音声は少しゆっくり目にはっきりと読み上げていますので、試験では自分のペースで時間内に話せるように練習しましょう。

11

> 解答例

Jīntiān shì māma de shēngrì. Wǒ juédìng sònggěi māma tā zuì ài de huā, háiyǒu yí fèn tèbié de shēngrì
今天 是 妈妈 的 生日。我 决定 送给 妈妈 她 最 爱 的 花, 还有 一 份 特别 的 生日
lǐwù. Xiàbān hòu, wǒ dàishàng tíqián zhǔnbèi hǎo de shēngrì lǐwù, qù huādiàn mǎi le xīnxiān de huā, ránhòu
礼物。 下班 后, 我 带上 提前 准备 好 的 生日 礼物, 去 花店 买 了 新鲜 的 花, 然后
gǎn huí jiā Wǒ xiǎng zài māma huí jiā zhīqián bǎ huā fàngjìn huāpíng, bǎ lǐwù fàng zài zhuōzi shàng, ràng
赶 回家。我 想 在 妈妈 回家 之前 把 花 放进 花瓶, 把 礼物 放 在 桌子 上 , 让
māma kāixīn. Jīnnián shì wǒ gōngzuò de dìyī nián, zhōngyú kěyǐ yòng zìjǐ de gōngzī gěi māma mǎi shēngrì
妈妈 开心。 今年 是 我 工作 的 第一 年, 终于 可以 用 自己 的 工资 给 妈妈 买 生日
lǐwù le, wǒ de xīnqíng bǐ zìjǐ guò shēngrì háiyào jīdòng. Māma huì xǐhuan wǒ gěi tā zhǔnbèi de lǐwù
礼物 了, 我 的 心情 比 自己 过 生日 还要 激动。妈妈 会 喜欢 我 给 她 准备 的 礼物
ma? Zhēn qīdài māma huí jiā kàndào lǐwù shí kāixīn de yàngzi.
吗? 真 期待 妈妈 回家 看到 礼物 时 开心 的 样子。

> 解答例和訳

今日は母の誕生日です。私は母が最も好きな花と、特別な誕生日プレゼントを贈ることにしました。仕事が終わってから、私は前もって準備した誕生日プレゼントを携えて、花屋さんに行って生き生きとした花を買った後、家路を急ぎました。私は母が家に帰って来るまでに花を花瓶に活け、

プレゼントをテーブルに置いて、母を喜ばせたかったのです。今年は私が働き始めた最初の年で、やっと自分の給料で母に誕生日プレゼントを買うことができるようになったので、私の気持ちは自分が誕生日を過ごす時よりもずっと高ぶっていました。母は私が準備したプレゼントを喜んでくれるでしょうか？　母が帰宅してプレゼントを見た時のうれしそうな様子が本当に楽しみです。

12

解答例

Nánde yào qù chūchāi, zhèng zhǔnbèi shōushi xínglixiāng. Qīzi gàosu tā, yào xiān bǎ xíngli dōu zhǔnbèi
男的 要 去 出差，正 准备 收拾 行李箱。妻子 告诉 他，要 先 把 行李 都 准备
hǎo, fàng zài xínglixiāng pángbiān, ránhòu zài gēnjù xíngli de dàxiǎo, bǎ tāmen hǎohǎo de fàng zài xínglixiāng lǐ.
好，放 在 行李箱 旁边，然后 再 根据 行李 的 大小，把 它们 好好 地 放 在 行李箱 里。
Nánde zìxìn de shuō: "méi nàme máfan, zhíjiē bǎ dōngxi fàng jìnqù gèng jiǎndān." Ránhòu jiù bǎ yīfu
男的 自信 地 说："没 那么 麻烦，直接 把 东西 放 进去 更 简单。"然后 就 把 衣服
yíjiànjiàn suíbiàn de rēngjìn xínglixiāng. Jiéguǒ, xínglixiāng hěn kuài jiù fàngbúxià le, zěnme dōu guānbúshàng. Tā
一件件 随便 地 扔进 行李箱。结果，行李箱 很 快 就 放不下 了，怎么 都 关不上 。他
de qīzi xiàozhe zǒu guòlái wèn tā: "zěnmeyàng? Shōushi xínglixiāng bú shì nàme róngyì ba?"
的 妻子 笑着 走 过来 问 他："怎么样？ 收拾 行李箱 不 是 那么 容易 吧？"

解答例和訳

　　男性は出張に行かなければならないので、スーツケースの用意をしようとしていました。妻は、まず荷物をきちんと準備して、スーツケースのそばに置いて、それから荷物の大小に応じて、きちんとスーツケースの中に詰めていかなければ、と彼に言いました。男性は自信たっぷりに言いました。「そんな面倒なことではないよ。ものを直接詰め込んでいくほうがもっと簡単だよ。」そして衣類を一着一着適当にスーツケースに投げ入れました。その結果、スーツケースはあっという間に入りきらなくなってしまい、どうしてもふたが閉まりませんでした。彼の妻は笑いながら近づいてきて彼に尋ねました。「どう？　スーツケースの荷造りはそんなに簡単なことではないでしょう？」。

第**3**部分 問題 p.62

第3部分は、問題用紙に印字された質問を読んで、その質問に対して答える問題です。

13

問題文和訳

あなたに最も大きく影響を与えた人は誰ですか？　例を挙げて話してみてください。

解答例

Duì wǒ yǐngxiǎng zuì dà de rén shì wǒ xiǎoshíhou de gāngqín lǎoshī. Wǒ xiǎoshíhou hěn hàixiū, tèbié
对 我 影响 最 大 的 人 是 我 小时候 的 钢琴 老师。我 小时候 很 害羞, 特别

hàipà zài hěn duō rén miànqián biǎoyǎn Gāngqín yǎnchū shí, chángcháng huì yīnwèi jǐnzhāng ér tán cuò. Yí cì
害怕 在 很 多 人 面前 表演。 钢琴 演出 时, 常常 会 因为 紧张 而 弹错。一 次

yòu yí cì de shībài, ràng wǒ shīqù le xìnxīn. Dànshì wǒ de lǎoshī duì wǒ shuō: "lǎoshī juéde nǐ tán de
又 一 次 的 失败, 让 我 失去 了 信心。但是 我 的 老师 对 我 说："老师 觉得 你 弹 得

fēicháng búcuò, jìnbù hěn dà, lǎoshī xiāngxìn nǐ, nǐ hěn bàng! Nǐ yě yào xiāngxìn nǐ zìjǐ." Zài
非常 不错, 进步 很 大, 老师 相信 你, 你 很 棒！ 你 也 要 相信 你 自己。" 在

lǎoshī de gǔlì xià, wǒ yòu cānjiā le hěn duō gāngqín yǎnchū hé bǐsài, mànmàn de búzài nàme jǐnzhāng, ér
老师 的 鼓励 下, 我 又 参加 了 很 多 钢琴 演出 和 比赛, 慢慢 地 不再 那么 紧张, 而

nénggòu tán de bǐjiào hǎo le. Xiànzài, měicì wǒ biǎoyǎn qián, dōu hái huì xiǎngqǐ lǎoshī de nàjù "lǎoshī
能够 弹 得 比较 好 了。 现在, 每次 我 表演 前, 都 还 会 想起 老师 的 那句 "老师

xiāngxìn nǐ, nǐ hěn bàng."
相信 你, 你 很 棒。"

解答例和訳

　私に最も大きく影響を与えた人は私の小さい頃のピアノの先生です。私は小さい頃は恥ずかしがり屋で、大勢の人の前で演奏するのが特に怖かったのです。ピアノの演奏を披露する時、緊張のためよく失敗をしていました。1回また1回と失敗を繰り返す中で、私は自信を失っていきました。しかし私の先生は私に「先生はあなたがとても上手に弾いていると思うの。大きく進歩しているわ。先生はあなたを信じているの。あなたはすばらしいの！　だからあなたも自分自身を信じなくてはね。」と言ったのです。先生の励ましのおかげで、私はまたたくさんのピアノの発表会やコンクールに参加し、徐々にそれほど緊張しなくなり、うまく弾けるようになっていきました。私は今、演奏する前にはいつも先生のあの「先生はあなたを信じているの、あなたはすばらしいの」という言葉を思い出すのです。

14

問題文和訳

卒業したての大学生は、仕事の経験がないのであまり採用したくないと考える会社があります。あなたはこういった方針に賛成しますか？　それはなぜですか？

解答例

Wǒ bú tài tóngyì zhèzhǒng zuòfǎ. Shǒuxiān, gāng bìyè de dàxuéshēng yīnwèi méiyǒu zài qítā gōngsī gōngzuò
我 不 太 同意 这种 做法。首先，刚 毕业 的 大学生 因为 没有 在 其他 公司 工作

de jīnglì, néng gèng kuài de jiēshòu gōngsī wénhuà, shìyìng gōngsī de yāoqiú. Tāmen duì gōngzuò jījí rèqíng,
的 经历，能 更 快 地 接受 公司 文化，适应 公司 的 要求。他们 对 工作 积极 热情，

duì xīn shìwù de xuéxí nénglì yě bǐjiào qiáng, zhǐyào hǎohǎo de jiāo tāmen tāmen hěn kuài jiù néng chéngwéi
对 新 事物 的 学习 能力 也 比较 强，只要 好好 地 教 他们，他们 很 快 就 能 成为

duì gōngsī yǒuyòng de rén. Qícì, tāmen niánqīng, nénggòu wèi gōngsī dàilái xīn de shēngmìnglì. Dìsān, gāng
对 公司 有用 的 人。其次，他们 年轻，能够 为 公司 带来 新 的 生命力。第三，刚

bìyè de dàxuéshēng tōngcháng méiyǒu shénme jiātíng fùdān, nénggòu bǎ gèng duō de shíjiān fàng zài gōngzuò
毕业 的 大学生 通常 没有 什么 家庭 负担，能够 把 更 多 的 时间 放 在 工作

shàng, érqiě tāmen duì gōngzī de yāoqiú dī, gōngsī kěyǐ búyòng gěi tāmen fā tài gāo de gōngzī. Zuìhòu, wèi
上，而且 他们 对 工资 的 要求 低，公司 可以 不用 给 他们 发 太 高 的 工资。最后，为

niánqīngrén tígōng fāzhǎn kōngjiān yě shì gōngsī de shèhuì zérèn.
年轻人 提供 发展 空间 也 是 公司 的 社会 责任。

解答例和訳

私はこういった方針にあまり賛成していません。まず、卒業したての大学生は他の会社での業務経歴がないので、より早く会社の文化を受け入れ、会社の求めるものに適応できます。彼らは業務に対して積極的且つ一生懸命で、新しい物事に対する学習能力も比較的高く、うまく教育しさえすれば、すぐに会社にとって有益な人材になります。次に、彼らは若いので、会社に新しい生命力を吹き込むことができます。3つ目に、卒業したての大学生は、たいてい家庭の負担が何もないので、より多くの時間を仕事にかけることができ、しかも彼らは給料に対する要求が低いので、会社は彼らに高い給料を支払うこともありません。最後に、若い人に成長の余地を提供することも会社の社会的責任です。

テスト時放送スクリプト ※スクリプトの指示部分の意味は58〜60ページ、読み上げられた問題の訳と解答例は68〜72ページにあります。

你好！你叫什么名字？ （10秒）

你是哪国人？ （10秒）

你的序号是多少？ （10秒）

好，现在开始第1到10题。每题你会听到一个句子，请在"嘀"声后重复这个句子。现在开始第1题。

1. 我要去机场接叔叔。 （10秒）
2. 你弟弟真聪明啊！ （10秒）
3. 服务员，请把菜单拿给我。 （10秒）
4. 她经常边听音乐边跑步。 （10秒）
5. 跟他聊天儿特别有意思。 （10秒）
6. 调查结果已经出来了。 （10秒）
7. 我实在受不了南方的气候。 （10秒）
8. 他最大的缺点就是没有耐心。 （10秒）
9. 保护环境需要大家共同努力。 （10秒）
10. 对于这件事，我感到十分抱歉。 （10秒）

好，现在开始准备第11到14题，可以在试卷上写提纲，准备时间为10分钟。

准备时间结束。现在开始第11题。（2分钟）
第11题结束。现在开始第12题。（2分钟）
第12题结束。现在开始回答第13题。（2分钟）
第13题结束。现在开始回答第14题。（2分钟）

好，考试现在结束，谢谢你！

※すべての放送内容のスクリプトは79ページにもあります。　　　　問題（放送内容）音声 🎧 21CQ2

| 第1部分 | 問題 p.63 |

第1部分は放送される文をそのままリピートする問題です。問題（放送内容）音声を聞いてよく練習しましょう。

1

スクリプト
Wǒmen yǐqián shì línjū.
我们 以前 是 邻居。

スクリプト和訳　私たちは以前隣人でした。

2

スクリプト
Mèimei dǎsuàn qù guówài liúxué.
妹妹 打算 去 国外 留学。

スクリプト和訳　妹は外国に留学に行くつもりです。

3

スクリプト
Nàr huánjìng búcuò, hěn ānjìng.
那儿 环境 不错, 很 安静。

スクリプト和訳　そこの環境は悪くありません。静かですよ。

4

スクリプト
Nǐ zǒu de shíhou bié wàngle guān dēng.
你 走 的 时候 别 忘了 关 灯。

スクリプト和訳　あなたは出る時電気を消すのを忘れないでください。

5

スクリプト
Tā duì lìshǐ hěn gǎn xìngqu.
他 对 历史 很 感 兴趣。

スクリプト和訳　彼は歴史に興味があります。

6

スクリプト
Yīshēng jiànyì wǒ měitiān jiānchí zuò yùndòng.
医生 建议 我 每天 坚持 做 运动。

スクリプト和訳　医者は私に毎日運動を続けるようアドバイスしています。

7

スクリプト
Zuówǎn de yǎnchū tài jīngcǎi le!
昨晚 的 演出 太 精彩 了！

スクリプト和訳　昨晩の公演は大変すばらしかったです。

8

スクリプト
Wǒmen yīnggāi gǔlì háizi duō yuèdú.
我们 应该 鼓励 孩子 多 阅读。

スクリプト和訳　私たちは子供にもっとたくさん読書をするように勧めるべきです。

9

スクリプト
Zhè ge dǎoyóu shuōhuà hěn yōumò.
这 个 导游 说话 很 幽默。

スクリプト和訳
このガイドさんの話はユーモアがあります。

10

スクリプト
Gōngxǐ nǐ kǎoshàng le Běijīngdàxué de shuòshì!
恭喜 你 考上 了 北京大学 的 硕士!

スクリプト和訳
北京大学の修士課程への合格おめでとうございます!

第**2**部分 ｜ 問題 p.63

解答例音声
🎧 21CQ2-kaito2

第2部分は、写真を見て話す問題です。解答例はあくまでも一例ですが参考にしてください。
また、音声は少しゆっくり目にはっきりと読み上げていますので、試験では自分のペースで時間内に話せるように練習しましょう。

11

解答例

Zài guò jǐ gè yuè wǒ jiù yào dàxué bìyè le, zuìjìn zhèngzài mángzhe zhǎo gōngzuò. Wǒ yǐjīng cānjiā
再 过 几 个 月 我 就 要 大学 毕业 了, 最近 正在 忙着 找 工作。 我 已经 参加
le hǎo jǐ jiā gōngsī de miànshì, dànshì yìzhí méiyǒu dédào lùqǔ tōngzhī. Jīntiān shàngwǔ, wǒ gāng cānjiā wán
了 好 几 家 公司 的 面试, 但是 一直 没有 得到 录取 通知。 今天 上午, 我 刚 参加 完
lìng yì jiā gōngsī de miànshì, diànhuàlíng jiù xiǎng le. Yuánlái shì wǒ zuì xiǎng jìn de nà jiā gōngsī dǎlái
另 一 家 公司 的 面试, 电话铃 就 响 了。 原来 是 我 最 想 进 的 那 家 公司 打来
de. Diànhuà lǐ, gōngsī de rénshì fùzérén duì wǒ shuō: "Xiǎo Lǐ, nǐ tōngguò le wǒmen de miànshì, huānyíng
的。 电话 里, 公司 的 人事 负责人 对 我 说:"小 李, 你 通过 了 我们 的 面试, 欢迎
jiārù wǒmen gōngsī." Wǒ jīdòng de jǔqǐ le shǒu. Wǒ duì rénshì fùzérén shuō: "fēicháng gǎnxiè, jīnhòu wǒ
加入 我们 公司。" 我 激动 得 举起 了 手。 我 对 人事 负责人 说:"非常 感谢, 今后 我
yídìng huì hǎohǎo nǔlì de." Jīntiān zhēnshì yí gè zhídé jìniàn de rìzi.
一定 会 好好 努力 的。" 今天 真是 一 个 值得 纪念 的 日子。

解答例和訳

　あと何か月かしたら私は大学を卒業するので、最近は就職活動に忙しいです。もう何社もの面接を受けましたが、ずっと採用通知を受け取れないでいました。今日の午前中、私はある会社の面接を受け終わった時、電話のベルが鳴りました。なんと私が最も入りたいと思っている会社がかけて来たのです。会社の人事担当の人が電話で私に言いました。「李さん、あなたは私たちの面接を

パスしました。私たちの会社へようこそ。」私は感動して手を持ち上げました（ガッツポーズをしました）。私は人事担当の人に「大変感謝いたします。これから私は必ずしっかり努力いたします。」と言いました。今日は本当に記念すべき日です。

12

解答例

Tā de zhàngfu huàn le xīn gōngzuò, gōngsī lí tāmen xiànzài zhù de dìfang bǐjiào yuǎn, suǒyǐ tāmen dǎsuàn
她 的 丈夫 换 了 新 工作，公司 离 他们 现在 住 的 地方 比较 远，所以 他们 打算
bāndào xīn gōngsī fùjìn qù zhù. Xià xīngqī bānjiā gōngsī yào lái bāng tāmen bānjiā, jīntiān shì zhōumò, tā hé
搬到 新 公司 附近 去 住。下 星期 搬家 公司 要 来 帮 他们 搬家，今天 是 周末，她 和
zhàngfu zhènghǎo kěyǐ tíqián zuò zhǔnbèi, bǎ xíngli zhuāngjìn zhǐxiāng lǐ. Tāmen píngshí zǒng juéde dōngxi bù
丈夫 正好 可以 提前 做 准备，把 行李 装进 纸箱 里。他们 平时 总 觉得 东西 不
duō, yīnggāi hěn kuài jiù néng shōushi wán. Kěshì zhuāngjìn xiāngzi cái fāxiàn, yuánlái dōngxi yě bù shǎo. Liǎng
多，应该 很 快 就 能 收拾 完。可是 装进 箱子 才 发现，原来 东西 也 不 少。 两
gè rén máng le yí shàngwǔ, zhuāng le èr shí duō xiāng, hái méiyǒu shōuwán yíbàn. Tā hé zhàngfu dōu yǐjīng
个 人 忙 了 一 上午，装 了 二 十 多 箱，还 没有 收完 一半。她 和 丈夫 都 已经
hěn lèi le, xiàwǔ hái děi jìxù shōushi. Bānjiā shízài shì tài lèi le!
很 累 了，下午 还 得 继续 收拾。搬家 实在 是 太 累 了！

解答例和訳

　彼女の夫が転職し、会社は彼らが今住んでいるところからやや遠いので、彼らは新しい会社の近くに引っ越す予定です。来週引っ越し会社が彼らの引っ越しを手伝いに来ます。今日は週末で、彼女と夫は前もって準備をすることができるので、荷物を段ボール箱に詰めていました。彼らは普段物が多くないと感じていたので、あっという間に片づけ終わるはずでした。しかし段ボール箱に詰めてみて初めて、実は物が少なくないということに気づきました。2人は午前中ずっと慌ただしくして、二十数箱分詰めましたが、まだ半分も終わっていませんでした。彼女と夫はすでに疲れきっていましたが、午後も引き続き片づけをしなければなりませんでした。引っ越しは本当に疲れます！

第3部分は、問題用紙に印字された質問を読んで、その質問に対して答える問題です。

13

問題文和訳

あなたは自分の最大の欠点は何だと考えていますか？　それはあなたにどういった悪影響を及ぼしていますか？

解答例

Wǒ rènwéi zìjǐ zuì dà de quēdiǎn shì zuò shì sùdù hěn màn. Zhè ge quēdiǎn ràng wǒ bú tài róngyì zuò
我 认为 自己 最大 的 缺点 是 做 事 速度 很 慢。这 个 缺点 让 我 不 太 容易 做
hǎo xūyào zài jiào duǎn shíjiān nèi wánchéng de shì. Bǐrú kǎoshì, yǒushíhou wǒ hái méiyǒu zuòwán tímù, jiù
好 需要 在 较 短 时间 内 完成 的 事。比如 考试，有时候 我 还 没有 做完 题目，就
bìxū jiāo juàn le. Suīrán hòumiàn de tímù wǒ huì zuò, dànshì què yīnwèi láibují ér méiyǒu bànfǎ zuò,
必须 交 卷 了。虽然 后面 的 题目 我 会 做，但是 却 因为 来不及 而 没有 办法 做，
suǒyǐ wúfǎ kǎochū hǎo chéngjì, fēicháng kěxī. Shēnghuó zhōng, wǒ yě jīngcháng juéde shíjiān bú gòu yòng.
所以 无法 考出 好 成绩，非常 可惜。生活 中，我 也 经常 觉得 时间 不 够 用。
Biérén yí ge xiǎoshí jiù néng zuòwán de shì, wǒ kěnéng xūyào yí ge bàn xiǎoshí cáinéng zuòwán. Wǒ hěn xiǎng
别人 一 个 小时 就 能 做完 的 事，我 可能 需要 一 个 半 小时 才能 做完。我 很 想
tígāo zìjǐ zuò shì de sùdù, dàn zǒngshì nányǐ zuòdào, zhè ràng wǒ gǎndào bù zhīdào yīnggāi zěnme bàn.
提高 自己 做 事 的 速度，但 总是 难以 做到，这 让 我 感到 不 知道 应该 怎么 办。

解答例和訳

　自分の最大の欠点は物事を行うスピードが遅いということだと私は思っています。この欠点のせいで私は比較的短時間で完成させねばならないことをするのが苦手です。例えば試験ですが、まだ問題を解き終わっていないのに答案を提出しなければならない時があるのです。後ろの方の問題が私のできる問題だとしても、間に合わなくて解くことができないので、良い成績を取ることができなくなり、非常に残念に思っています。生活の中でも、私は時間が足りないと感じることがよくあります。他の人が1時間でやり終えることを、私は恐らく1時間半かけてようやくやり終えるのです。私は自分の物事を行うスピードをアップしたいと思うのですが、実現させることはいつも難しく、これをどうしたらいいのか自分でも分からないのです。

問題文和訳

もしあなたに1年間の休暇があるとしたら、あなたはどのように計画を立てますか？

解答例

Rúguǒ wǒ yǒu yì nián de jiàqī, wǒ xiǎng zài zhè yì nián zhōng zuò liǎng jiàn shì. Dìyī, xuéxí huàhuà.
如果 我 有 一 年 的 假期, 我 想 在 这 一 年 中 做 两 件 事。第一, 学习 画画。

Wǒ cóngxiǎo jiù hěn xǐhuan huàhuà, dànshì cónglái méiyǒu gēn zhuānyè lǎoshī xuéxí guo. Gōngzuò yǐhòu yòu méiyǒu
我 从小 就 很 喜欢 画画, 但是 从来 没有 跟 专业 老师 学习 过。 工作 以后 又 没有

nàme duō shíjiān kěyǐ zhuānmén qù xuéxí. Suǒyǐ wǒ huì zài jiàqī zhōng zhǎo yí wèi lǎoshī, gēn tā xuéxí
那么 多 时间 可以 专门 去 学习。所以 我 会 在 假期 中 找 一 位 老师, 跟 他 学习

huàhuà. Dìèr, wǒ xiǎng qù Zhōngguó lǚxíng. Zhōngguó hěn dà, gèdì dōu yǒu bùtóng de fēngjǐng, wǒ xiǎng qù
画画。第二, 我 想 去 中国 旅行。中国 很 大, 各地 都 有 不同 的 风景, 我 想 去

kànkan, hái xiǎng bǎ kàndào de fēngjǐng huàjìn huàlǐ. Lìngwài, wǒ xué Hànyǔ xué le kuài sān nián le, dànshì
看看, 还 想 把 看到 的 风景 画进 画里。另外, 我 学 汉语 学 了 快 三 年 了, 但是

píngshí shǐyòng de jīhuì bù duō. Wǒ xiǎng tōngguò lǚxíng, gèng duō de liànxí Hànyǔ, tígāo wǒ de Hànyǔ
平时 使用 的 机会 不 多。我 想 通过 旅行, 更 多 地 练习 汉语, 提高 我 的 汉语

shuǐpíng.
水平。

解答例和訳

　もし私に1年間の休暇があるなら、私はこの1年間に2つの事をしたいです。第一に、絵を習います。私は小さい頃から絵を描くのが好きでしたが、専門の先生から習ったことは今までになかったのです。就職してからはわざわざ習いに行くようなそんなに多くの時間もありませんでした。ですので私は休暇中に先生を探して、その人から絵を習います。第二に、私は中国に旅行に行きたいです。中国は大きく、風景も地域によって様々なので、私は見に行ってみたいですし、見た風景を絵に描きたいです。それから、私は中国語を勉強してもうすぐ3年になりますが、普段使う機会が多くはありません。私は旅行を通して、もっと中国語を練習し、自分の中国語のレベルを向上させたいです。

你好！你叫什么名字？ （10秒）

你是哪国人？ （10秒）

你的序号是多少？ （10秒）

好，现在开始第1到10题。每题你会听到一个句子，请在"嘀"声后重复这个句子。现在开始第1题。

1. 我们以前是邻居。 （10秒）

2. 妹妹打算去国外留学。 （10秒）

3. 那儿环境不错，很安静。 （10秒）

4. 你走的时候别忘了关灯。 （10秒）

5. 他对历史很感兴趣。 （10秒）

6. 医生建议我每天坚持做运动。 （10秒）

7. 昨晚的演出太精彩了！ （10秒）

8. 我们应该鼓励孩子多阅读。 （10秒）

9. 这个导游说话很幽默。 （10秒）

10. 恭喜你考上了北京大学的硕士！ （10秒）

好，现在开始准备第11到14题，可以在试卷上写提纲，准备时间为10分钟。

准备时间结束。现在开始第11题。（2分钟）

第11题结束。现在开始第12题。（2分钟）

第12题结束。现在开始回答第13题。（2分钟）

第13题结束。现在开始回答第14题。（2分钟）

好，考试现在结束，谢谢你！

※すべての放送内容のスクリプトは85ページにもあります。

問題（放送内容）音声 🎧 21CQ3

| 第 1 部分 | 問題 p.64 |

第1部分は放送される文をそのままリピートする問題です。問題（放送内容）音声を聞いてよく練習しましょう。

1

スクリプト
Zhè shuāng píxié tèbié guì.
这 双 皮鞋 特别 贵。

スクリプト和訳　この革靴は非常に（値段が）高いです。

2

スクリプト
Wǒ qù túshūguǎn jiè shū.
我 去 图书馆 借书。

スクリプト和訳　私は本を借りに図書館に行きます。

3

スクリプト
Wáng shūshu de gèzi zuì gāo.
王 叔叔 的 个子 最 高。

スクリプト和訳　王叔父さんの背が最も高いです。

4

スクリプト
Zhèr bù néng shuā xìnyòngkǎ.
这儿 不 能 刷 信用卡。

スクリプト和訳　ここではクレジットカードは使えません。

5

スクリプト
Mèimei de chéngjì tígāo de hěn kuài.
妹妹 的 成绩 提高 得 很 快。

スクリプト和訳　妹の成績は伸びるのが速いです。

6

スクリプト
Zhù nǐmen yíqiè shùnlì!
祝 你们 一切 顺利！

スクリプト和訳　あなたたちが万事順調でありますように！

7

スクリプト
Zhè zhǒng zhíwù dài yǒu xiāngwèir.
这 种 植物 带 有 香味儿。

スクリプト和訳　この種の植物は香りがあります。

8

スクリプト
Tā de lǐxiǎng shì dāng yì míng yǎnyuán.
他 的 理想 是 当 一 名 演员。

スクリプト和訳　彼の夢は俳優になることです。

9

スクリプト	Tā duì zhè fèn gōngzuò zǒngjié hěn mǎnyì. 她 对 这 份 工作 总结 很 满意。
スクリプト和訳	彼女はこの業務の総まとめに満足しています。

10

スクリプト	Tā měitiān jiānchí bùxíng shàngxià bān. 他 每天 坚持 步行 上下 班。
スクリプト和訳	彼は毎日徒歩での通勤退勤を続けています。

第**2**部分	問題 p.64	解答例音声 🎧 21CQ3-kaito2

第2部分は、写真を見て話す問題です。解答例はあくまでも一例ですが参考にしてください。
また、音声は少しゆっくり目にはっきりと読み上げていますので、試験では自分のペースで時間内に話せるように練習しましょう。

11

解答例

Zhè cì chūguó lǚyóu wǒ bǎ xíngchéng ānpái de hěn mǎn, xiǎngzhe yídìng yào duō qù wán jǐ gè dìfang.
这 次 出国 旅游 我 把 行程 安排 得 很 满, 想着 一定 要 多 去 玩 几 个 地方。
Shéi zhīdào, gāng wán le yì tiān jiù shēngbìng le. Kěnéng yīnwèi pǎoláipǎoqù tài lèi le, yě kěnéng yīnwèi
谁 知道, 刚 玩 了 一 天 就 生病 了。 可能 因为 跑来跑去 太 累 了, 也 可能 因为
bú tài shìyìng zhèlǐ de qìhòu huò shíwù, wǒ tūrán yòushì gǎnmào、tóuténg, yòushì lādùzi, zhēnshì nánshòu
不 太 适应 这里 的 气候 或 食物, 我 突然 又是 感冒、头疼, 又是 拉肚子, 真是 难受
jí le. Péngyou mǎshàng péi wǒ qù le yīyuàn, yīshēng gěi wǒ kāi le hěn duō yào. Wǒ huídào fángjiān, zhǔnbèi
极 了。 朋友 马上 陪 我 去 了 医院, 医生 给 我 开 了 很 多 药。 我 回到 房间, 准备
chī yào. Bǎ yào ná chūlái fàng zài shǒushàng yí kàn, yí cì yào chī liù zhǒng! Wǒ kànzhe zhèxiē yào
吃 药。 把 药 拿 出来 放 在 手上 一 看, 一 次 要 吃 六 种! 我 看着 这些 药
kǔxiào: "zhèxià nǎr yě bié xiǎng qù le, hǎohǎo zài jiǔdiàn fángjiān lǐ xiūxi ba."
苦笑："这下 哪儿 也 别 想 去 了, 好好 在 酒店 房间 里 休息 吧。"

解答例和訳

今回の海外旅行のスケジュールを私は目いっぱい詰め込みました。ぜひ何か所も多くのところに遊びに行きたいと思っていたのです。するとどうでしょう、1日遊んだだけで病気になってしまいました。多分あちこちとび回って疲れすぎたというのもあり、またこちらの気候や食べ物にあまり慣れていないというのもあるのでしょう、突然風邪を引いて頭痛がしたと思ったら、お腹を下して、

81

中級 第3回

本当に大変つらい思いをしました。友達がすぐに私と一緒に病院まで行ってくれ、医者は私にたくさんの薬を処方してくれました。部屋に戻って薬を飲もうとし、薬を取り出して手のひらに乗せて見てみると、1回になんと6種類も飲まなければならないのです！　私はこれらの薬を見ながら苦笑しました。「こうなったらもうどこにも行きたいと思ってはいけない。しっかりホテルの部屋で休んでいよう。」

12

中級 第3回

解答例

Wǒ hé wǒ de zhàngfu dōu hěn xǐhuan lǚyóu, wǒmen xǐhuan qù bùtóng de dìfang kàn gèzhǒng bùtóng de
我 和 我 的 丈夫 都 很 喜欢 旅游，我们 喜欢 去 不同 的 地方 看 各种 不同 的

fēngjǐng, chī gèzhǒng měishí. Wǒmen hái tèbié xǐhuan pāizhào. Měi dào yí gè dìfang, wǒ de zhàngfu dōu huì
风景，吃 各种 美食。我们 还 特别 喜欢 拍照。每 到 一 个 地方，我 的 丈夫 都 会

wèi wǒ pāi hěn duō zhàopiàn, tā shuō tā zuì xǐhuan wǒ xiàoqǐlái de yàngzi. Dànshì, yīnwèi gōngzuò bǐjiào
为 我 拍 很 多 照片，他 说 他 最 喜欢 我 笑起来 的 样子。但是，因为 工作 比较

máng, wǒmen hěn jiǔ dōu méiyǒu qù lǚyóu le. Zhè cì hǎobùróngyì yǒu le yì diǎn shíjiān, suǒyǐ wǒmen jiù
忙，我们 很 久 都 没有 去 旅游 了。这 次 好不容易 有 了 一 点 时间，所以 我们 就

ānpái le yí cì lǚyóu. Hé yǐqián yíyàng, wǒ de zhàngfu yílù wèi wǒ pāizhào. Tā duì wǒ shuō: "hǎojiǔ méi
安排 了 一 次 旅游。和 以前 一样，我 的 丈夫 一路 为 我 拍照。他 对 我 说："好久 没

gěi nǐ pāizhào le, nǐ xiàoqǐlái háishì nàme hǎokàn." Tīngdào tā zhème shuō, wǒ xīnlǐ zhēn kāixīn.
给 你 拍照 了，你 笑起来 还是 那么 好看。" 听到 他 这么 说，我 心里 真 开心。

解答例和訳

　　私と私の夫はどちらも旅行が大好きで、様々なところに行って様々な風景を見、様々なグルメを楽しむのが好きです。私たちはまた写真を撮るのも特に好きです。どこかに行くたびに、私の夫はいつも私の写真をたくさん撮ります。彼は私が笑い出す様子が最も好きだと言っています。しかし、仕事がわりと忙しいので、私たちは長い間旅行に行っていません。今回やっとのことで少し時間ができたので、私たちは旅行を計画しました。以前と同じように、私の夫はひたすら私の写真を撮っています。彼は私に「ずいぶん君の写真を撮っていなかったが、君が笑い出す様子はやっぱりとてもきれいだね」と言うのです。彼がそんなふうに言うのを聞いて、私は本当にうれしく思いました。

第3部分は、問題用紙に印字された質問を読んで、その質問に対して答える問題です。

13

問題文和訳

人々はよく「興味こそ最高の教師である」と言いますが、あなたは賛成しますか？ なぜですか？

解答例

Wǒ tóngyì zhè zhǒng shuōfǎ. Xìngqù búdàn huì xiàng lǎoshī yíyàng gěi wǒmen zhǐchū fāngxiàng, érqiě néng
我 同意 这 种 说法。 兴趣 不但 会 像 老师 一样 给 我们 指出 方向, 而且 能

suíshí gǔlì wǒmen qiánjìn. Shǒuxiān, wǒmen duì yí jiàn shì gǎnxìngqù, cái huì xiǎngyào qù liǎojiě tā, xuéxí
随时 鼓励 我们 前进。 首先, 我们 对 一 件 事 感兴趣, 才 会 想要 去 了解 它, 学习

xiāngguān de zhīshi hé jìnxíng shíjiàn. Zài xuéxí fāngmiàn, xìngqù huì ràng wǒmen zhǔdòng jìnxíng xuéxí, ér
相关 的 知识 和 进行 实践。 在 学习 方面, 兴趣 会 让 我们 主动 进行 学习, 而

zhǔdòng xuéxí de xiàoguǒ gèng hǎo. Zài shíjiàn fāngmiàn, zhèngshì yīnwèi yǒu le xìngqù, wǒmen cái huì yuànyì
主动 学习 的 效果 更 好。在 实践 方面, 正是 因为 有 了 兴趣, 我们 才 会 愿意

yíbiànbiàn de liànxí, bìngqiě zài liànxí de guòchéng zhōng huòdé jìnbù. Qícì, zài xuéxí hé shíjiàn de
一遍遍 地 练习, 并且 在 练习 的 过程 中 获得 进步。其次, 在 学习 和 实践 的

guòchéng zhōng, wǒmen huì yùdào kùnnan, zhè shíhou xìngqù nénggòu zhīchí wǒmen bú hàipà kùnnan, yǒnggǎn de
过程 中, 我们 会 遇到 困难, 这 时候 兴趣 能够 支持 我们 不 害怕 困难, 勇敢 地

miànduì kùnnan, chéngwéi wǒmen jiānchí xiàqù de dònglì.
面对 困难, 成为 我们 坚持 下去 的 动力。

解答例和訳

私はこういった考え方に賛成です。興味は教師のように私たちに方向を示してくれるだけでなく、絶えず私たちの前進を後押ししてくれます。まず、私たちはある事に興味を持って初めてそれを理解しようとし、関連する知識を学んで実践したくなります。学習面では、興味は私たちを主体的に学ぶようにさせ、しかも主体的な学習の効果をより良好にしてくれます。実践面では、興味があるからこそ私たちは1回また1回と練習しようと思うようになり、さらに練習の過程で進歩することができるのです。次に、学習と実践の過程で、私たちは困難に出会うかもしれませんが、この時興味は私たちが困難を恐れずに勇敢に立ち向かっていくのを支えてくれ、努力し続けていく原動力となってくれます。

中級 第3回

83

問題文和訳

他人に誤解された時、あなたはどうするでしょうか？

解答例

Dāng bèi biérén wùhuì shí, wǒ de dìyī gè fǎnyìng shì shēngqì huò shāngxīn. Zài zhèzhǒng qíngkuàng xià,
当 被 别人 误会 时，我 的 第一 个 反应 是 生气 或 伤心。在 这种 情况 下，
wǒ kěnéng huì méiyǒu bànfǎ lěngjìng de sīkǎo wèntí. Suǒyǐ, shǒuxiān wǒ huì ràng zìjǐ lěngjìng xiàlái. Ránhòu,
我 可能 会 没有 办法 冷静 地 思考 问题。所以，首先 我 会 让 自己 冷静 下来。然后，
wǒ huì xiǎngyìxiǎng: wèi shénme huì bèi wùhuì? Yǒuméiyǒu kěnéng ràng biérén bú yào wùhuì? Rúguǒ wǒ juéde
我 会 想一想：为 什么 会 被 误会？ 有没有 可能 让 别人 不 要 误会？ 如果 我 觉得
tōngguò wǒ de jiěshì, yěxǔ kěyǐ ràng biérén bú yào wùhuì, nàme wǒ huì qù gēn wùhuì wǒ de rén jiěshì
通过 我 的 解释，也许 可以 让 别人 不 要 误会，那么 我 会 去 跟 误会 我 的 人 解释
yíxià. Rúguǒ wǒ juéde wǒ qù jiěshì yě bú huì yǒu shénme zuòyòng, nàme wǒ huì xuǎnzé bù jiěshì.
一下。如果 我 觉得 我 去 解释 也 不 会 有 什么 作用，那么 我 会 选择 不 解释。

解答例和訳

　他人に誤解された時、私の最初の反応は怒りもしくは悲しみです。こういった状況下では、私は冷静に問題を考えることができなくなるかもしれません。そこで、まず私は自分を落ち着かせようとするでしょう。それから、私は「なぜ誤解されたのだろう？　誤解されないようにできる可能性はあるだろうか？」と考えてみようとします。もし私が釈明することで誤解されないようにできるかもしれないと思えたなら、私は私を誤解している人に釈明をしに行きます。もし私が釈明しに行っても何の効果もないと思う場合は、釈明しないという選択肢を選びます。

你好！你叫什么名字？ （10秒）

你是哪国人？ （10秒）

你的序号是多少？ （10秒）

　　好，现在开始第1到10题。每题你会听到一个句子，请在"嘀"声后重复这个句子。现在开始第1题。

1．这双皮鞋特别贵。 （10秒）

2．我去图书馆借书。 （10秒）

3．王叔叔的个子最高。 （10秒）

4．这儿不能刷信用卡。 （10秒）

5．妹妹的成绩提高得很快。 （10秒）

6．祝你们一切顺利！ （10秒）

7．这种植物带有香味儿。 （10秒）

8．他的理想是当一名演员。 （10秒）

9．她对这份工作总结很满意。 （10秒）

10．他每天坚持步行上下班。 （10秒）

中級　第3回

　　好，现在开始准备第11到14题，可以在试卷上写提纲，准备时间为10分钟。

　　准备时间结束。现在开始第11题。（2分钟）

　　第11题结束。现在开始第12题。（2分钟）

　　第12题结束。现在开始回答第13题。（2分钟）

　　第13题结束。现在开始回答第14题。（2分钟）

　　好，考试现在结束，谢谢你！

※すべての放送内容のスクリプトは91ページにもあります。　　　　問題（放送内容）音声 🎧 21CQ4

| 第 **1** 部分 | 問題 p.65 |

　第1部分は放送される文をそのままリピートする問題です。問題（放送内容）音声を聞いてよく練習しましょう。

1
> スクリプト
> Lǐ jīnglǐ bú zài bàngōngshì.
> 李 经理 不 在 办公室。

> スクリプト和訳　李マネージャーはオフィスにいません。

2
> スクリプト
> Wǒ wàngjì dài sǎn le.
> 我 忘记 带 伞 了。

> スクリプト和訳　私は傘を持ってくるのを忘れました。

3
> スクリプト
> Jiā li lái le liǎng wèi kèrén.
> 家 里 来 了 两 位 客人。

> スクリプト和訳　家にお客さんが二人来ました。

4
> スクリプト
> Bīngxiāng xiànzài hái bù néng yòng.
> 冰箱 现在 还 不 能 用。

> スクリプト和訳　冷蔵庫は今はまだ使えません。

5
> スクリプト
> Wǒ zhǐyǒu yì zhāng xìnyòngkǎ.
> 我 只有 一 张 信用卡。

> スクリプト和訳　私はクレジットカードを1枚しか持っていません。

6
> スクリプト
> Gēge jīnnián bóshì bìyè.
> 哥哥 今年 博士 毕业。

> スクリプト和訳　兄は今年博士課程を修了します。

7
> スクリプト
> Zhè kē shù gāng zhǎng yèzi.
> 这 棵 树 刚 长 叶子。

> スクリプト和訳　この木は葉が生えたばかりです。

8
> スクリプト
> Fēicháng bàoqiàn, dǎrǎo nín le.
> 非常 抱歉，打扰 您 了。

> スクリプト和訳　本当に申し訳ございません。お邪魔いたしました。

9

スクリプト	Tā yuèdǐ yào qù guówài chūchāi.
	她 月底 要 去 国外 出差。

スクリプト和訳	彼女は月末、海外に出張に行かなければいけません。

10

スクリプト	Nǎinai duì línjū shífēn yǒuhǎo.
	奶奶 对 邻居 十分 友好。

スクリプト和訳	（父方の）祖母は近所の人たちに大変親切です。

第**2**部分	問題 p. 65	解答例音声 🎧 21CQ4-kaito2

　第2部分は、写真を見て話す問題です。解答例はあくまでも一例ですが参考にしてください。また、音声は少しゆっくり目にはっきりと読み上げていますので、試験では自分のペースで時間内に話せるように練習しましょう。

11

解答例

Jīntiān shì wǒ cānjiā de Hànyǔshuǐpíngkǎoshì chū jiéguǒ de rìzi, wǒ de xīnqíng yòu jǐnzhāng yòu jīdòng.
今天 是 我 参加 的 汉语水平考试 出 结果 的 日子，我 的 心情 又 紧张 又 激动。
Zhè cì shì wǒ dì'èr cì cānjiā Hànyǔshuǐpíngkǎoshì, dìyī cì kǎoshì wǒ méi néng tōngguò. Zhè cì kǎoshì qián
这 次 是 我 第二 次 参加 汉语水平考试，第一 次 考试 我 没 能 通过。这 次 考试 前
wǒ hěn nǔlì de fùxí, zuò le bǐjiào hǎo de zhǔnbèi, gǎnjué hǎoxiàng kǎo de hái búcuò, suǒyǐ shífēn qīdài
我 很 努力 地 复习，做 了 比较 好 的 准备，感觉 好像 考 得 还 不错，所以 十分 期待
zìjǐ de chéngjì. Shíjiān yí dào, wǒ jiù náqǐ shǒujī kàn chéngjì. Shūrù zhǔnkǎozhènghào hòu, wǒ kàndào le
自己 的 成绩。时间 一 到，我 就 拿起 手机 看 成绩。输入 准考证号 后，我 看到 了
wǒ de chéngjì, wǒ tōngguò la! Shízài shì tài kāixīn le. Wǒ de nǔlì zhōngyú dédào le hǎo de jiéguǒ.
我 的 成绩，我 通过 啦！ 实在 是 太 开心 了。我 的 努力 终于 得到 了 好 的 结果。

解答例和訳

　今日は私が受けたHSKの結果発表の日です。私の気持ちは緊張し心が高ぶっています。今回でHSKを受けるのは2回目で、1回目の試験では合格できませんでした。今回の試験まで私は一生懸命復習し、比較的良い準備をし、試験の手応えもまあまあ良かったように感じたので、自分の成績にとても期待していました。時間が来たので、私は携帯電話を手に取って成績を見ました。受験番号を入力すると、自分の成績が目に入りました。合格です！　本当にうれしいです。私の努

力はとうとう良い結果を得たのです。

12

Měinián niándǐ dōushì wǒ gōngzuò zuì máng de shíhou, jīnnián yě yíyàng. Zuìjìn yí gè xīngqī, wǒ měitiān
每年 年底 都是 我 工作 最 忙 的 时候，今年 也 一样。最近 一 个 星期，我 每天
dōu jiābān gàndào wǎnshàng shí diǎn duō, dànshì gōngzuò háishì zuò bù wán. Jīntiān shàngbān hòu, jīnglǐ yòu gěi
都 加班 干到 晚上 十 点 多，但是 工作 还是 做 不 完。今天 上班 后，经理 又 给
wǒ ānpái le hěn duō gōngzuò, hái yāoqiú wǒ kuàidiǎnr zuòwán jiāogěi tā. Wǒ kànzhe zhuōzi shàng xiàng xiǎo shān
我 安排 了 很 多 工作，还 要求 我 快点儿 做完 交给 他。我 看着 桌子 上 像 小 山
yíyàng gāo de wénjiàn, gǎnjué hěn tóuténg: "wǒ shénme shíhou cáinéng gànwán zhème duō gōngzuò ne? Jiēxiàlái
一样 高 的 文件，感觉 很 头疼："我 什么 时候 才能 干完 这么 多 工作 呢？ 接下来
kǒngpà háiděi jìxù jiābān hǎo jǐ tiān ba?" Měitiān jiābān shízài shì tài lèi le, děng mángwán zhè duàn
恐怕 还得 继续 加班 好 几 天 吧？" 每天 加班 实在 是 太 累 了，等 忙完 这 段
shíjiān, wǒ yídìng yào gěi zìjǐ hǎohǎo de fàng gè jià.
时间，我 一定 要 给 自己 好好 地 放 个 假。

　毎年年末は私の仕事で最も忙しい時期で、今年も同じようです。最近1週間、毎日夜10時過ぎまで残業をしているのに仕事がまだやり終わりません。今日出勤すると、マネージャーがまた私にたくさんの仕事を割り振っており、早くやり終えて提出するよう要求してきました。私はデスクの上の山のような書類を見て頭痛がするようでした。「私はいつになったらこんなにたくさんの仕事をやり終えられるのだろう？　これからもまだ引き続き何日も残業をしなければならないのだろうか？」毎日残業すると本当に疲れてしまいます。この忙しい時期が終わったら、私は必ず自分のためにしっかりと休暇を取るつもりです。

第3部分は、問題用紙に印字された質問を読んで、その質問に対して答える問題です。

13

問題文和訳

あなたがある会社の面接に参加するとしたら、あなたは事前にどのような準備をしますか?

解答例

Shǒuxiān, wǒ huì zài gōngsī de wǎngzhàn shàng kànyíkàn gōngsī de xiāngguān xìnxī, dàgài liǎojiě yíxià
首先，我 会 在 公司 的 网站 上 看一看 公司 的 相关 信息，大概 了解 一下
gōngsī de qíngkuàng. Lìrú, gōngsī de yèwù hé chǎnpǐn děng. Qícì, wǒ huì zǐxì de liǎojiě yíxià guānyú
公司 的 情况 。例如，公司 的 业务 和 产品 等。其次，我 会 仔细 地 了解 一下 关于
zìjǐ miànshì de gōngzuò fāngmiàn de xìnxī. Ránhòu, wǒ huì tíqián xiǎngyixiǎng kěnéng huì bèi wèndào de
自己 面试 的 工作 方面 的 信息。然后，我 会 提前 想一想 可能 会 被 问到 的
wèntí, zài xiǎngyixiǎng wǒ yīnggāi zěnyàng huídá zhèxiē wèntí. Lìngwài, wǒ hái huì shìxiān zhǔnbèi yí gè zài
问题，再 想一想 我 应该 怎样 回答 这些 问题。另外，我 还 会 事先 准备 一 个 在
miànshì jiéshù shí xiǎng xiàng gōngsī tíchū de wèntí. Zuìhòu, wǒ huì gěi zìjǐ xuǎnzé héshì de xīzhuāng.
面试 结束 时 想 向 公司 提出 的 问题。最后，我 会 给 自己 选择 合适 的 西装 。

解答例和訳

　まず、私は会社のウェブサイトで会社の関連情報を見て、会社の状況を大まかに把握します。例えば、その会社の業務と製品等です。次に、私は自分が面接を受ける仕事の情報を詳しく把握します。その後、おそらく問われるであろう質問を考え、自分がそれらの質問にどのように答えるべきかを前もって考えておきます。あと、面接が終わる時に会社に対してする質問を前もって準備しておきます。最後に、私は自分にふさわしいスーツを選びます。

中級 第4回

問題文和訳

子供の教育において、あなたは両親と先生のどちらの影響がより大きいと思いますか？　それはなぜですか？

解答例

Wǒ rènwéi fùmǔ duì háizi de yǐngxiǎng gèng dà. Shǒuxiān, fùmǔ shì háizi de dìyī wèi lǎoshī, érqiě
我 认为 父母 对 孩子 的 影响 更 大。首先，父母 是 孩子 的 第一 位 老师，而且

fùmǔ de jiàoyù yǒu liánxùxìng. Háizi huì yǒu hěn duō lǎoshī, bùtóng lǎoshī de sīxiǎng hé jiàoyù fāngfǎ kěnéng
父母 的 教育 有 连续性。孩子 会 有 很 多 老师，不同 老师 的 思想 和 教育 方法 可能

huì yǒusuǒ bùtóng, měi yí wèi lǎoshī yǐngxiǎng háizi de shíqī bǐjiào duǎn; dànshì fùmǔ duì háizi de jiàoyù
会 有所 不同，每 一 位 老师 影响 孩子 的 时期 比较 短；但是 父母 对 孩子 的 教育

què cúnzài zài háizi de zhěnggè chéngzhǎng guòchéng zhīzhōng, huì duì háizi yǒu chángqī de yǐngxiǎng. Qícì,
却 存在 在 孩子 的 整个 成长 过程 之中，会 对 孩子 有 长期 的 影响。其次，

fùmǔ duì háizi de jiàoyù zhǔyào zài sīxiǎng fāngmiàn, lǎoshī duì háizi de jiàoyù zhǔyào shì jiāo gěi háizi
父母 对 孩子 的 教育 主要 在 思想 方面，老师 对 孩子 的 教育 主要 是 教 给 孩子

zhīshi děng, wǒ rènwéi sīxiǎng shàng de yǐngxiǎng huì gèngjiā zhòngyào.
知识 等，我 认为 思想 上 的 影响 会 更加 重要。

解答例和訳

私は両親の子供に対する影響のほうがより大きいと思います。まず、両親は子供の最初の先生であり、しかも両親の教育は連続して行われます。子供には多くの先生がいますが、その思想や教育方法は先生によって違うかもしれませんし、子供に影響を与える時期はどの先生も比較的短いです。しかしながら両親の子供に対する教育は子供の成長の過程全体に及び、子供に対して長期的な影響を与えます。次に、両親の子供に対する教育は主に思想面であり、先生の子供に対する教育は主に知識等を教えることなのですが、私は思想上の影響の方がより重要になると思います。

你好！你叫什么名字？ （10秒）

你是哪国人？ （10秒）

你的序号是多少？ （10秒）

　好，现在开始第1到10题。每题你会听到一个句子，请在"嘀"声后重复这个句子。现在开始第1题。

1. 李经理不在办公室。 （10秒）
2. 我忘记带伞了。 （10秒）
3. 家里来了两位客人。 （10秒）
4. 冰箱现在还不能用。 （10秒）
5. 我只有一张信用卡。 （10秒）
6. 哥哥今年博士毕业。 （10秒）
7. 这棵树刚长叶子。 （10秒）
8. 非常抱歉，打扰您了。 （10秒）
9. 她月底要去国外出差。 （10秒）
10. 奶奶对邻居十分友好。 （10秒）

　好，现在开始准备第11到14题，可以在试卷上写提纲，准备时间为10分钟。

　准备时间结束。现在开始第11题。（2分钟）
　第11题结束。现在开始第12题。（2分钟）
　第12题结束。现在开始回答第13题。（2分钟）
　第13题结束。现在开始回答第14题。（2分钟）

　好，考试现在结束，谢谢你！

※すべての放送内容のスクリプトは97ページにもあります。　　　　問題（放送内容）音声 🎧 21CQ5

第1部分 | 問題 p.66

第1部分は放送される文をそのままリピートする問題です。問題（放送内容）音声を聞いてよく練習しましょう。

1

スクリプト
Zhè zhāng zhuōzi yǒudiǎnr jiù.
这 张 桌子 有点儿 旧。

スクリプト和訳 この机はちょっと古いです。

2

スクリプト
Bǎ nà jiàn dàyī chuānshang, bié gǎnmào le.
把 那 件 大衣 穿上 ， 别 感冒 了。

スクリプト和訳 そのコートを着て、風邪を引かないようにしてください。

3

スクリプト
Wǒ de chē zài bànlùshang huài le.
我 的 车 在 半路上 坏 了。

スクリプト和訳 私の車は道中で壊れてしまいました。

4

スクリプト
Túshūguǎn yīnggāi yǐjīng guān mén le.
图书馆 应该 已经 关 门 了。

スクリプト和訳 図書館はすでに閉館しているはずです。

5

スクリプト
Wǒ nǎinai hěn xǐhuan tīng yīnyuè.
我 奶奶 很 喜欢 听 音乐。

スクリプト和訳 私の（父方の）祖母は音楽を聴くのがとても好きです。

6

スクリプト
Tā shì zhuānyè de yǔmáoqiú yùndòngyuán.
他 是 专业 的 羽毛球 运动员 。

スクリプト和訳 彼はプロのバドミントン選手です。

7

スクリプト
Gāo jiàoshòu hěn shòu xuéshēng huānyíng.
高 教授 很 受 学生 欢迎。

スクリプト和訳 高教授は学生にとても人気があります。

8

スクリプト
Tā zuìjìn hǎoxiàng jīngcháng jiābān.
他 最近 好像 经常 加班。

スクリプト和訳 彼は最近どうやらよく残業しているようです。

スクリプト	Qǐng bǎ duìmiàn de chuānghu dǎkāi. 请 把 对面 的 窗户 打开。
スクリプト和訳	向かいの窓を開けてください。

スクリプト	Bié jǐnzhāng, wǒmen huì zài zhèr péi nǐ. 别 紧张，我们 会 在 这儿 陪 你。
スクリプト和訳	緊張しないで。私たちはここであなたと一緒にいますからね。

第2部分	問題 p.66	解答例音声 🎧 21CQ5-kaito2

　第2部分は、写真を見て話す問題です。解答例はあくまでも一例ですが参考にしてください。
　また、音声は少しゆっくり目にはっきりと読み上げていますので、試験では自分のペースで時間内に話せるように練習しましょう。

11

解答例

Xiànzài, yuèláiyuè duō de rén xǐhuan shǐyòng diànnǎo huò shǒujī zuò jìlù, jì rìjì, dànshì wǒ què yìzhí
现在，越来越 多 的 人 喜欢 使用 电脑 或 手机 做 记录、记 日记，但是 我 却 一直

jiānchí shǒu xiě rìjì. Wǒ xǐhuan xiě zì, Wǒ juéde shǒu xiě de wénzì gèng xiàng zìjǐ de péngyou. Xiě
坚持 手 写 日记。我 喜欢 写 字，我 觉得 手 写 的 文字 更 像 自己 的 朋友。写

rìjì yě shì wǒ fàngsōng zìjǐ de yì zhǒng fāngshì. Měitiān xiě rìjì de shíjiān, shì wǒ yǔ zìjǐ de
日记 也 是 我 放松 自己 的 一 种 方式。每天 写 日记 的 时间，是 我 与 自己 的

nèixīn duìhuà de shíjiān. Xiě rìjì shí, wǒ kěyǐ yìbiān xiě yìbiān huíxiǎng fāshēng de shì, tóngshí zhěnglǐ
内心 对话 的 时间。写 日记 时，我 可以 一边 写 一边 回想 发生 的 事，同时 整理

zìjǐ de xīnqíng. Bǎ xīnqíng jìlù zài rìjì zhōng hòu, wǒ huì gǎndào tèbié qīngsōng. Bùguǎn kāixīn huòshì
自己 的 心情。把 心情 记录 在 日记 中 后，我 会 感到 特别 轻松。不管 开心 或是

shāngxīn, wǒ de rìjì dōu yìzhí péizhe wǒ.
伤心，我 的 日记 都 一直 陪着 我。

解答例和訳

　最近、パソコンや携帯電話で記録を取ったり日記をつけたりするのを好む人が増えていますが、私はずっと手書きで日記をつけることを続けています。私は字を書くのが好きですし、手書きの文字はより自分の友達のように感じます。日記をつけるのは自分をリラックスさせる方法の1つです。

毎日日記をつける時間は、自分の心と対話をする時間です。日記をつけている時、私は書きなが
ら起きた出来事を思い返し、同時に自分の気持ちを整えることができます。気持ちを日記に書きつ
けた後、私はとても気持ちが軽くなったと感じることができます。うれしい時も悲しい時も、私の
日記はずっと私と共にあります。

12

Jīntiān shì wǔyī huángjīnzhōu de dìyī tiān, wǒ hé péngyoumen yìqǐ kāichē qù lǚyóu. Yīnwèi pà yùdào
今天 是 五一 黄金周 的 第一 天, 我 和 朋友们 一起 开车 去 旅游。因为 怕 遇到
dǔchē, wǒmen hěn zǎo jiù chūfā le. Shéi zhīdào gāng kāidào gāosù gōnglù rùkǒu, lùshang jiù yǐjīng páiqǐ le
堵车, 我们 很 早 就 出发 了。谁 知道 刚 开到 高速 公路 入口, 路上 就 已经 排起 了
cháng duì. Wǒmen zhǐhǎo pái zài chángcháng de chēduì zhōng, nàixīn de děngdài Gāosù gōnglù hǎoxiàng biànchéng
长 队。我们 只好 排 在 长长 的 车队 中, 耐心地 等待。高速 公路 好像 变成
le tíngchēchǎng, hěn cháng shíjiān wǒmen qiánmiàn de chē dōu yídòngbúdòng, yí gè xiǎoshí guòqù le, wǒmen zhǐ
了 停车场, 很 长 时间 我们 前面 的 车 都 一动不动, 一 个 小时 过去 了, 我们 只
qiánjìn le bú dào liǎng gōnglǐ. Ànzhào zhèyàng de sùdù, kěnéng yào tiān hēi le wǒmen cáinéng kāidào mùdìdì
前进 了 不 到 两 公里。按照 这样 的 速度, 可能 要 天 黑 了 我们 才能 开到 目的地
ba. Kànlái zhè yì tiān yào zài gāosù gōnglù shàng guò le. Huángjīnzhōu kāichē chūmén lǚyóu zhēn bú shì gè
吧。看来 这 一 天 要 在 高速 公路 上 过 了。 黄金周 开车 出门 旅游 真 不 是 个
hǎo zhǔyi.
好 主意。

今日はゴールデンウィーク初日なので、私は友人たちと一緒に車で旅行に行きました。渋滞につ
かまりたくなかったので、私たちは早い時間に出発しました。するとどうでしょう、高速道路の入り
口に着いてすぐに、路上にはすでに長い列ができていました。私たちは長々と続く車列に並んで、
我慢して待つほかはありませんでした。高速道路がまるで駐車場に変わってしまったかのように、
私たちの前の車は長い時間全く動きませんでした。1時間が過ぎても、私たちはたったの2キロメー
トルしか進んでいませんでした。このスピードで行けば、私たちは日が暮れようとする頃になって
やっと目的地に到着することができるのかもしれません。どうやらこの1日は高速道路で過ごすこ
とになりそうです。ゴールデンウィークに車で旅行に出かけるのは全く良い考えとは言えません。

中級 第5回

94

第3部分は、問題用紙に印字された質問を読んで、その質問に対して答える問題です。

13

問題文和訳

もしあなたが中国に旅行に行くチャンスを得たなら、あなたはどのように計画を立てますか?

解答例

Wǒ huì xiān qù Zhōngguó de shǒudū —— Běijīng. Wǒ duì lìshǐ wénhuà hěn gǎnxìngqù, suǒyǐ dào le
我 会 先 去 中国 的 首都——北京。我 对 历史 文化 很 感兴趣, 所以 到 了
Běijīng, wǒ huì xiān qù cānguān Gùgōng hé Wànlǐchángchéng. Ránhòu wǒ xiǎng qù guàngyiguàng Wángfǔjīng, wǒ hái
北京, 我 会 先 去 参观 故宫 和 万里长城 。 然后 我 想 去 逛一逛 王府井, 我 还
xiǎng chángyicháng Běijīngkǎoyā. Jiēxiàlái, wǒ huì chéngzuò gāotiě qù Shànghǎi. Tīngshuō Zhōngguó de gāotiě búdàn
想 尝一尝 北京烤鸭。接下来, 我 会 乘坐 高铁 去 上海 。 听说 中国 的 高铁 不但
sùdù kuài, érqiě hěn píngwěn, wǒ xiǎng jiè qù Shànghǎi de jīhuì gǎnshòu yí cì. Duìyú Shànghǎi, wǒ zài
速度 快, 而且 很 平稳, 我 想 借 去 上海 的 机会 感受 一 次。对于 上海, 我 在
wǎngshàng kàndàoguo tā de yèjǐng, juéde hěn měi, suǒyǐ wǒ huì qù Dōngfāngmíngzhūtǎ kàn Shànghǎi yèjǐng.
网上 看到过 它 的 夜景, 觉得 很 美, 所以 我 会 去 东方明珠塔 看 上海 夜景。
Wǒ hái huì qù Díshìní wányiwán, kànkan zhè zuò xīn de lèyuán hé Rìběn de Díshìní yǒu shénme bùtóng.
我 还 会 去 迪士尼 玩一玩, 看看 这 座 新 的 乐园 和 日本 的 迪士尼 有 什么 不同。

解答例和訳

　私はまず中国の首都北京に行くでしょう。私は歴史や文化にとても興味があるので、北京に着いたら私はまず故宮と万里の長城を見学に行きます。その後に王府井を散策し、北京ダックを味わってみたいです。その次に、私は高速鉄道に乗って上海へ行きます。中国の高速鉄道はスピードが速いだけでなく、安定しているとのことなので、私は上海に行く機会に一度体験してみたいのです。上海については、私はインターネットでその夜景を見たことがありますが、美しいと思いましたので、私は東方明珠塔に行き、上海の夜景を見るでしょう。ディズニーランドにも遊びに行って、この新しい遊園地が日本のディズニーランドとどう違うのかを見てみます。

14

仕事を探す際、あなたはまず（自分の）興味を考えますか、それとも将来の発展性を考えますか？　それはなぜですか？

（解答例）

Wǒ huì shǒuxiān kǎolǜ jiānglái de fāzhǎn. Rúguǒ yí fèn gōngzuò jiānglái huì yǒu bǐjiào hǎo de fāzhǎn, nàme
我 会 首先 考虑 将来 的 发展。如果 一 份 工作 将来 会 有 比较 好 的 发展，那么
wǒ zài zuò zhè fèn gōngzuò de guòchéng zhōng, jiù hěn yǒu kěnéng huòdé shōurù de zēngjiā hé chénggōng de
我 在 做 这 份 工作 的 过程 中，就 很 有 可能 获得 收入 的 增加 和 成功 的
kuàilègǎn. Suīrán zhè fèn gōngzuò bú shì wǒ de xìngqù, dànshì shōurù de zēngjiā hé chénggōng de kuàilègǎn yě
快乐感。虽然 这 份 工作 不 是 我 的 兴趣，但是 收入 的 增加 和 成功 的 快乐感 也
néng ràng wǒ jìxù qiánjìn. Xiāngfǎn, rúguǒ yí fèn gōngzuò wǒ shífēn gǎnxìngqù, dànshì jiānglái què méiyǒu fāzhǎn
能 让 我 继续 前进。相反，如果 一 份 工作 我 十分 感兴趣，但是 将来 却 没有 发展
kōngjiān, nàme yǒu yì tiān gōngzuò kěnéng huì biànchéng méiyǒu biànhuà de chóngfù, búduàn de chóngfù kěnéng
空间，那么 有 一 天 工作 可能 会 变成 没有 变化 的 重复，不断 地 重复 可能
ràng wǒ shīqù yuánlái de xìngqù, shīqù gōngzuò de dònglì. Suǒyǐ, wǒ rènwéi, duì gōngzuò láishuō, jiānglái de
让 我 失去 原来 的 兴趣，失去 工作 的 动力。所以，我 认为，对 工作 来说，将来 的
fāzhǎn bǐ xìngqù gèng zhòngyào.
发展 比 兴趣 更 重要。

（解答例和訳）

私はまず将来の発展性を考えます。もしある仕事が比較的に良好な発展性を持っているならば、私はその仕事をする中で、収入アップと達成感を得る可能性が高いです。たとえその仕事が私の興味に合わなくても、収入アップと達成感があれば私は引き続き前進していくことができます。逆に、もしある仕事に私がとても興味を持っていても、将来に発展の余地がなければ、いつしか仕事が変化のない繰り返しになり、絶えることのない繰り返しが私の元々の興味をそいでしまい、仕事の原動力を失わせてしまう可能性があります。ですので、仕事について言えば、将来の発展性のほうが興味よりももっと重要であると、私は思います。

※スクリプトの指示部分の意味は58～60ページ、読み上げられた問題
の訳と解答例は92～96ページにあります。

你好！你叫什么名字？ （10秒）

你是哪国人？ （10秒）

你的序号是多少？ （10秒）

好，现在开始第1到10题。每题你会听到一个句子，请在"嘀"声后重复这个句子。现在开始第1题。

1. 这张桌子有点儿旧。 （10秒）
2. 把那件大衣穿上，别感冒了。 （10秒）
3. 我的车在半路上坏了。 （10秒）
4. 图书馆应该已经关门了。 （10秒）
5. 我奶奶很喜欢听音乐。 （10秒）
6. 他是专业的羽毛球运动员。 （10秒）
7. 高教授很受学生欢迎。 （10秒）
8. 他最近好像经常加班。 （10秒）
9. 请把对面的窗户打开。 （10秒）
10. 别紧张，我们会在这儿陪你。 （10秒）

好，现在开始准备第11到14题，可以在试卷上写提纲，准备时间为10分钟。

准备时间结束。现在开始第11题。（2分钟）
第11题结束。现在开始第12题。（2分钟）
第12题结束。现在开始回答第13题。（2分钟）
第13题结束。现在开始回答第14题。（2分钟）

好，考试现在结束，谢谢你！

中級 第5回

97

HSK口頭試験　高級

・HSK口頭試験（高級）の内容と流れ ・・・・・・・・・・・・ P.100～P.104

・高級　問題　第1回～第5回 ・・・・・・・・・・・・・・・・・・・ P.106～P.110

・高級　解答・解答例・放送内容スクリプト
第1回～第5回 ・・・・・・・・・・・・・・・・・・・・・・・・・・・ P.112～P.141

HSK 口頭試験（高級）の内容と流れ

　HSK口試（高級）は受験生の会話能力を判定するテストです。

「中国語で自分の意見や見解を流暢に表現することができる」ことが求められます。

※2023年7月試験時点

学習目安

3000語前後の常用単語を習得している者を対象としています。

主に週に2〜3コマ（1コマ45分程度）の授業を2年間以上の学習者を対象としています。

点数と評価

HSK口試（高級）は100点満点で評価されます。

60点が合格ラインです。

試験概要

HSK口試（高級）の試験内容は、合計6問、3分野で、全て録音方式のテストです。

放送は全て中国語で行われます。

試験内容

HSK口試（高級）：約25分間（放送回数1回）

パート	形式	問題内容	問題数	時間
第 1 部分	要約	放送を聞いて、その内容を要約する。	3題	8分
	（準備時間）	（第 2 部分、第 3 部分に対する解答の準備）		10分
第 2 部分	朗読	問題用紙に書かれた文章を朗読する。	1題	2分
第 3 部分	読み取り	問題用紙に書かれた 2 つの質問に対して解答する。	2題	5分

・試験開始の前に、口試カードに必要事項を記入したり、録音機器確認をしたりする時間があります。
・放送開始後、姓名・国籍・受験番号を質問する音声が流れるので、答えてください。
・第2部分開始の前に、第2部分、第3部分の準備時間（答える内容を受験生が考える時間）がまとめて10分間与えられます。
・試験時間中には問題用紙に自由にメモを取ることが可能です。
・録音機器の操作については別途提示される説明資料を参照してください。

各パート詳細

第1部分 （要約）：録音時間は各問約2分

・中国語で第1～3問を始めるという内容の放送があった後、直ちに問題文の放送が開始されます。
・問題文はそれぞれ1回しか放送されないので、問題放送後にチャイムが鳴った後、直ちに内容を要約復唱してください。

第2部分 （朗読）：録音時間は各問2分

第3部分 （読み取り）：録音時間は各問2.5分

・中国語で第4～6問の準備時間が始まるという内容の放送があり、この後直ちに準備時間が開始されます。
・準備時間は第2部分、第3部分の全て（第4問～6問）に対して10分間がまとめて提供されるので、準備漏れのないように気をつけましょう。
・準備時間終了後、中国語で準備時間が終わり、第4問に答え始めるという内容の放送があるので、解答を始めてください。その後も第6問まで、中国語で、前の問題が終わり次の問題が始まるという内容の放送がありますので、同様に解答を始めてください。
・録音可能時間は第2部分は各2分間、第3部分は各2.5分間です。

◆個人情報録音部分

　まずはじめに、氏名・国籍・受験番号を質問する音声が流れますので、10秒以内で答えてください。それらの質問もすべて中国語で行われ、すべて中国語で答える必要がありますので、本番であせらないようにあらかじめ答え方も練習しておきましょう。放送内容にはスクリプトにも印刷されています。

放送内容	放送内容和訳
你好！你叫什么名字?	こんにちは。あなたの名前は何ですか?
答え方の例	**答え方の例和訳**
我叫田中太郎。	私の名前は田中太郎です。

放送内容	放送内容和訳
你是哪国人?	あなたはどの国の人ですか?
答え方の例	**答え方の例和訳**
我是日本人。	私は日本人です。

放送内容	放送内容和訳
你的序号是多少?	あなたの受験番号は何番ですか?
答え方の例	**答え方の例和訳**
我的序号是45678。	私の受験番号は45678です。

◆試験開始後　※問題内容とその解答例は各回の解答・解答例のページをご覧下さい。

（第1部分の始まり）

放送内容

好，现在开始第1到3题。每题你会听到一段话。请在"嘀"声后复述这段话。现在开始第1题。（3秒）1（問題文読み上げ）（♪チャイム音）…

放送内容和訳

はい。これから第1問から第3問までを始めます。問題ごとに1つの話が聞こえます。チャイム音の後にこの話を要約復唱してください。これから第1問を始めます。
（3秒）1（問題文読み上げ）（♪チャイム音）…

このチャイムの後に、読み上げられた問題文を要約復唱（録音）します。その後は同様に第2問～第3問まで「問題番号→問題文→チャイム音」の順に流れます。チャイム音の後、放送が始まってから約2分すると次の問題に移りますので、注意しましょう。

（第2部分の準備時間の始まり）

> 放送内容
>
> 好，现在开始准备第4到6题。可以在试卷上写提纲，准备时间为10分钟。
>
> 放送内容和訳
>
> はい。これから第4問から第6問までの準備を始めます。問題用紙にメモを書いても結構です。準備時間は10分間です。

ここで、第2部分と第3部分をまとめて準備する時間がとられます。第2部分は朗読、第3部分は問題用紙に書かれた質問に答えるものですので、時間配分を考えて準備をしましょう。

（第2部分の解答の始まり）

> 放送内容
>
> 准备时间结束。现在开始朗读第4题。
>
> 放送内容和訳
>
> 準備時間終了です。これから第4問の朗読を始めてください。

上の放送後すぐに、答え始めてください。

解答時間が終わると、第4問の終わりが告げられ、以下のように第3部分の1問目である第4問目が引き続き、始められます。

（第2部分の終わりと第3部分の始まり）

> **放送内容**
>
> 第4题结束。现在开始回答第5题。
>
> **放送内容和訳**
>
> 第4問終了です。これから第5問に答え始めてください。

この後、すぐに第5問に答え始めてください。

> **放送内容**
>
> 第5题结束。现在开始回答第6题。
>
> **放送内容和訳**
>
> 第5問終了です。これから第6問に答え始めてください。

この後も同様に第6問に答えます。

> **放送内容**
>
> 好，考试现在结束，谢谢你！
>
> **放送内容和訳**
>
> はい。試験はこれで終了です。ありがとうございました！

高級

第 1 回 ・・・・・・・・・・・・・・・・・ P.106

第 2 回 ・・・・・・・・・・・・・・・・・ P.107

第 3 回 ・・・・・・・・・・・・・・・・・ P.108

第 4 回 ・・・・・・・・・・・・・・・・・ P.109

第 5 回 ・・・・・・・・・・・・・・・・・ P.110

第 **1** 部分

第 1-3 題 听后复述。

第 **2** 部分

第 4 題 朗读。

　　黄河全长5464公里，流域面积达75万多平方公里，是中国第二大河。它仿佛一条金色的巨龙，横卧在中国北部辽阔的土地上。

　　远古时期，黄河流域气候温暖湿润，土壤肥沃，优越的自然环境为原始人类的生存提供了有利条件。殷商以后，黄河中下游流域经济发展迅速，人口繁衍较快，政治文化也比较先进，逐渐成为中华民族成长的摇篮。

　　中国八大古都中的安阳、长安、洛阳和开封，都位于黄河流域。特别是长安不仅是当时全国政治经济中心，更是世界文化中心。唐代文化影响了世界各国，尤其是亚洲邻国的文化。

　　黄河，以其丰富的乳汁哺育了中华民族，而中华民族的儿女们在这片土地上辛勤劳动，创造了光辉灿烂的文化。黄河，不愧是中国文化的发源地。
（2分钟）

第 **3** 部分

第 5-6 題 回答问题。

5．有人说，竞争对手也是朋友。请举例谈谈你的看法。（2.5分钟）

6．现在有的城市全面禁止在公共场所吸烟，有人认为这干涉了个人自由。你如何看待这个问题？（2.5分钟）

第1部分

第1-3题 听后复述。

第2部分

第4题 朗读。

　　与短信、邮件相比，打电话是一种即时性较强的交流方式，但人们并不认为它是最有效的交流方式。

　　通过发短信或邮件进行交流时，人们可以利用你来我往之间存在的时间间隔，来检查自己的文字，以确保准确地表达自己的意思。而在电话交流中，人们需要快速消化对方传递来的信息，确定自己的想法，并用适当的口吻及时作出回应。否则，很容易出现尴尬的"沉默阶段"，而对沉默及其可能造成的后果的担心，是人们害怕电话交流的原因之一。

　　面对面交流同样具有即时性，但它却没有电话交流那么"可怕"。这是因为在面对面交流的过程中，人们能获得诸如面部表情、肢体动作等线索作为自己言行的参考。但在电话交流中，这些线索全部被屏蔽了，人们只能根据声音作出回应，因此人们对交流过程中说错话的担忧也会随之增加。（2分钟）

第3部分

第5-6题 回答问题。

5. 如今，为了能更好地就业，越来越多的人花大量的时间和精力去参加各种证书考试。对此你怎么看？为什么？（2.5分钟）

6. 有人说："方向比努力重要，能力比知识重要。"你同意这个观点吗？请谈谈你的看法。（2.5分钟）

問題（放送内容）音声 🎧 21KQ3

第**1**部分

第 1-3 题 听后复述。

第**2**部分

第 4 题 朗读。

　　有一位著名的画家画了一幅《马食草图》，画上的马栩栩如生，十分逼真，不少同行看过后都赞叹不已。

　　可一位农民看过后却不以为然，他对画家说："你画的这匹马是瞎马啊！"画家听后非常生气，说："这匹马明明睁着眼睛在吃草，你怎么说它是匹瞎马呢？"农民解释道："正因为如此，我才说它是一匹瞎马。马在草丛中吃草时，因为害怕眼睛被草叶尖儿刺伤，所以都会闭着眼睛。"画家听后觉得不可思议，但面对其他人质疑的目光，他只能特意跑去一个马场进行实地观察，结果确实如那位农民所说。为此，他感到十分惭愧。

　　从那以后，画家每次作画时都要经过仔细观察后才下笔，以免画出来的画儿被人笑话。（2分钟）

第**3**部分

第 5-6 题 回答问题。

5. "追星"已经成为一种非常普遍的现象。请你谈谈这一现象的利与弊。（2.5分钟）

6. 如今，不少人放弃高薪职业，选择自主创业。对此你怎么看？（2.5分钟）

第**1**部分

第1-3题　听后复述。

第**2**部分

第4题　朗读。

　　从前，有位画家打算画一幅人人都喜欢的画儿。画完以后，他拿到市场上展出，并附上说明：观赏者如果认为此画儿有欠佳之处，均可在上面做记号。晚上画家把画儿取回家时，发现整张画儿都涂满了记号——没有一处不被指责。画家对此深感失望。

　　过了几天，画家决定换一种方法试试。他又画了一幅同样的画儿拿到市场去展出。而这一次，他希望观赏者将自己最欣赏的地方标上记号。

　　当画家再次取回画儿时，发现画儿上也被涂满了记号，只是上幅画儿被指责的所有地方，如今却都变成了赞美的标记。

　　画家看着眼前的两幅画儿，感慨道：在有些人看来是丑恶的东西，在另一些人眼里恰恰是美好的。所以，我们不管做什么事，只要能让一部分人满意就可以了。（2分钟）

第**3**部分

第5-6题　回答问题。

5. 旅行时，你喜欢独自一人出行还是愿意结伴而行，为什么？（2.5分钟）

6. 如今，不少人抱有"宁要大城市一张床，不要小城市一套房"的想法。你如何看待这一现象？（2.5分钟）

第**1**部分

第1-3题 听后复述。

第**2**部分

第4题 朗读。

　　有个人要出趟远门，他让朋友帮忙照看庭院。朋友发现院子里有一棵破土而出的草芽，但他并没有拔掉它。初春时，草芽渐渐长开，朋友发觉它像野兰。到了夏天，那草开花了，五瓣的小花散发出一股幽香，花形如林地里的那些兰花一样，只不过它是蜡黄色的。朋友带着它的一朵花儿和几片叶子，向研究植物的专家求证后得知，它是蜡兰——兰花的一个稀有品种，许多人穷尽一生都很难找到它，如果在城里的花市上，这种蜡兰每株价值万元。

　　朋友打电话告知庭院主人这一好消息，庭院主人惋惜地说："其实它每年都会破土而出，只不过我以为它是普通的野草，所以每次草芽刚冒出来时就被我拔掉了。如果我能耐心地等它开花，这株蜡兰早就被发现了。"（2分钟）

第**3**部分

第5-6题 回答问题。

5. 到目前为止，你认为最值得纪念的时刻是什么时候？请介绍一下。（2.5分钟）

6. 有人认为考试成绩是衡量一个人能力的标准，你同意吗？请谈谈你的看法。（2.5分钟）

高級

解答・解答例・放送内容スクリプト

第 1 回 ・・・・・・・・・・・・・ P.112 〜 P.117

第 2 回 ・・・・・・・・・・・・・ P.118 〜 P.123

第 3 回 ・・・・・・・・・・・・・ P.124 〜 P.129

第 4 回 ・・・・・・・・・・・・・ P.130 〜 P.135

第 5 回 ・・・・・・・・・・・・・ P.136 〜 P.141

※すべての放送内容のスクリプトは117ページにもあります。

問題（放送内容）音声 🎧 21KQ1

第 **1** 部分 | 問題 p.106

　第1部分は聞いた文の内容をもう一度言い直す問題です。内容の重要なポイントを押さえ、自分の言葉で言い換える練習をしましょう。

1

スクリプト

Yǒu wèi kēxuéjiā céng zuòguo zhèyàng yí gè shíyàn. Tā zài yí gè zhuāng yǒu xiāngjiāo de xiāngzi
有 位 科学家 曾 做过 这样 一 个 实验。他 在 一 个 装 有 香蕉 的 箱子
dǐngbù kāi le gè kǒng, kǒng de dàxiǎo gānghǎo néng ràng hóuzi bǎ shǒu shēn jìnqu. Hóuzi xiǎng yào zhuā
顶部 开了 个 孔，孔 的 大小 刚好 能 让 猴子 把 手 伸 进去。猴子 想 要 抓
xiāngjiāo, jiù bìxū wòqǐ quántou, dànshì wòqǐ de quántou què méifǎ cóng kǒng zhōng zhēngtuō chūlai.
香蕉，就 必须 握起 拳头，但是 握起 的 拳头 却 没法 从 孔 中 挣脱 出来。
Yúshì, hóuzi jiù miànlín zhe liǎng gè xuǎnzé: yàome fàngxià xiāngjiāo, jiāng shǒu ná chūlai; yàome wòzhe
于是，猴子 就 面临 着 两 个 选择：要么 放下 香蕉，将 手 拿 出来；要么 握着
xiāngjiāo, shǒu què kùn zài xiāngzi lǐ. Shíyàn de jiéguǒ shì: hóuzi yìzhí wòzhe xiāngjiāo, méiyǒu fàngshǒu.
香蕉，手 却 困 在 箱子 里。实验 的 结果 是：猴子 一直 握着 香蕉，没有 放手。

スクリプト和訳

ある科学者がかつてこのような実験をしたことがあります。彼はバナナが入った箱の天井に穴を開け、穴の大きさはちょうどサルが手を伸ばして入れることができるくらいです。サルはバナナをつかみたければ、手を握らなければなりませんが、握った手は穴の中からどうしても抜くことができません。そこで、サルは2つの選択肢に直面することとなります。バナナを放して手を抜き出すか、バナナを握ったまま手を箱の中に入れっぱなしにしておくかです。実験結果は、サルはバナナをずっと握ったまま、手を放しませんでした。

2

スクリプト

Háizi de zìwǒ rènshi shuǐpíng hěn dī, tāmen zhǔyào yījù tārén, yóuqí shì chóngbài de lǎoshī
孩子 的 自我 认识 水平 很 低，他们 主要 依据 他人，尤其 是 崇拜 的 老师
huò fùmǔ duì zìjǐ de píngjià lái rènshi zìjǐ. Jiǎrú lǎoshī huò fùmǔ jǐyǔ tāmen de píngjià shì
或 父母 对 自己 的 评价 来 认识 自己。假如 老师 或 父母 给予 他们 的 评价 是
fùmiàn de, tāmen jiù huì shēnxìnbùyí, cóngér chǎnshēng yánzhòng de zìbēigǎn, bùzhībùjué zhōng àn "huài
负面 的，他们 就 会 深信不疑，从而 产生 严重 的 自卑感，不知不觉 中 按 "坏
háizi" de biāozhǔn xíngshì. Chángcǐyǐwǎng, tāmen jiù kěnéng biànchéng zhēnzhèng de "huài háizi" le.
孩子" 的 标准 行事。长此以往，他们 就 可能 变成 真正 的 "坏 孩子" 了。

スクリプト和訳

　子供の自我の認識レベルは低く、彼らは主に他人に頼っており、特に尊敬する先生や両親の自分に対する評価によって自分のことを認識します。仮に先生や両親が彼らに与える評価がマイナスであれば、彼らはそれを信じて疑うことがないので、それによって深刻な劣等感を抱えてしまい、知らず知らずのうちに「悪い子」の基準に沿って行動します。このままいくと、彼らは本物の「悪い子」になってしまうかもしれません。

3

スクリプト

Yǒu yìxiē zhíwù kěyǐ yùbào tiānqì, bǐrú shēngzhǎng zài guǎngxī mǒudì de "Qìxiàngshù". Qíngtiān
有 一些 植物 可以 预报 天气，比如 生长 在 广西 某地 的 "气象树"。晴天
shí, tā de yèzi yìbān shì shēnlǜsè de. Rúguǒ yèzi biàn hóng, jiù yùshì zhe liǎng tiān nèi zhè yí
时，它 的 叶子 一般 是 深绿色 的。如果 叶子 变 红，就 预示 着 两 天 内 这 一
dài jiāng huì xià dà yǔ. Duō nián lái, dāngdì nóngmín jiùshì gēnjù "Qìxiàngshù" yèzi yánsè de biànhuà
带 将 会 下 大 雨。多 年 来，当地 农民 就是 根据 "气象树" 叶子 颜色 的 变化
lái yùcè tiānqì, jìnér hélǐ ānpái nóngshì huódòng de.
来 预测 天气，进而 合理 安排 农事 活动 的。

スクリプト和訳

　天気を予報できる植物があります。例えば広西のある所に生育している「気象樹」（和名：アラカシ）です。晴れの日は、葉は普通は深緑色ですが、もし葉が赤くなったら、数日のうちにその一帯で大雨が降ることを告げています。長年にわたって、現地の農民は「気象樹」の葉の色の変化に基づいて天気を予測し、その上で農作業の計画を合理的に立ててきました。

第**2**部分　問題 p.106

　　第2部分は問題用紙に印字された文章を朗読する問題です。何度も聞いて、正しく発音できるように練習しましょう。

4

問題文ピンイン

Huánghé quáncháng wǔqiānsìbǎiliùshísì gōnglǐ, liúyù miànjī dá qīshíwǔ wàn duō píngfānggōnglǐ, shì Zhōngguó dì
黄河　全长　5464　公里，流域 面积 达 75 万 多 平方公里，是 中国 第

èr dà hé. Tā fǎngfú yì tiáo jīnsè de jù lóng, héngwò zài Zhōngguó běibù liáokuò de tǔdì shàng.
二 大 河。它 仿佛 一 条 金色 的 巨 龙，横卧 在 中国 北部 辽阔 的 土地 上。

Yuǎngǔ shíqī, Huánghé liúyù qìhòu wēnnuǎn shīrùn, tǔrǎng féiwò, yōuyuè de zìrán huánjìng wèi yuánshǐ
远古 时期，黄河 流域 气候 温暖 湿润，土壤 肥沃，优越 的 自然 环境 为 原始

rénlèi de shēngcún tígōng le yǒulì tiáojiàn. Yīnshāng yǐhòu, Huánghé zhōngxiàyóu liúyù jīngjì fāzhǎn xùnsù,
人类 的 生存 提供 了 有利 条件。殷商 以后，黄河 中下游 流域 经济 发展 迅速，

rénkǒu fányǎn jiào kuài, zhèngzhì wénhuà yě bǐjiào xiānjìn, zhújiàn chéngwéi Zhōnghuámínzú chéngzhǎng de yáolán.
人口 繁衍 较 快，政治 文化 也 比较 先进，逐渐 成为 中华民族 成长 的 摇篮。

Zhōngguó bā dà gǔdū zhōng de Ānyáng, Cháng'ān, Luòyáng hé Kāifēng, dōu wèiyú Huánghé liúyù. Tèbié
中国 八 大 古都 中 的 安阳、长安、洛阳 和 开封，都 位于 黄河 流域。特别

shì Cháng'ān bùjǐn shì dāngshí quánguó zhèngzhì jīngjì zhōngxīn, gèng shì shìjiè wénhuà zhōngxīn. Tángdài wénhuà
是 长安 不仅 是 当时 全国 政治 经济 中心，更 是 世界 文化 中心。唐代 文化

yǐngxiǎng le shìjiè gèguó, yóuqí shì Yàzhōu línguó de wénhuà.
影响 了 世界 各国，尤其 是 亚洲 邻国 的 文化。

Huánghé, yǐ qí fēngfù de rǔzhī bǔyù le Zhōnghuámínzú, ér Zhōnghuámínzú de érnǚ men zài zhè piàn
黄河，以 其 丰富 的 乳汁 哺育 了 中华民族，而 中华民族 的 儿女 们 在 这 片

tǔdì shàng xīnqín láodòng, chuàngzào le guānghuī cànlàn de wénhuà. Huánghé, búkuì shì Zhōngguó wénhuà de
土地 上 辛勤 劳动，创造 了 光辉 灿烂 的 文化。黄河，不愧 是 中国 文化 的

fāyuándì.
发源地。

問題文和訳

　　黄河は全長5,464キロメートルで、流域面積は75万平方キロメートルあまりに達する中国第2の大河です。それはまるで金色の巨大な竜のように、中国北部の広大な大地に横たわっています。

　　太古の昔、黄河流域の気候は温暖かつ湿潤で、土地は肥えており、優れた自然環境という有利な条件のおかげで原始人たちは生存することができました。殷（商）の時代以降、黄河の中下流域は、経済が急速に発展し、人口の増加がやや速く、政治文化も比較的に進んだものとなり、次第に中華民族を育てるゆりかごとなりました。

　　中国の8大古都のうち、安陽、長安、洛陽、開封は、いずれも黄河流域に位置しています。特に長安は当時、全国の政治経済の中心であっただけでなく、世界の文化の中心でした。唐代の文化は世界各国、なかでも特にアジア隣国の文化に影響を与えました。

　　黄河は、その豊かな母乳で中華民族を育み、中華民族の子供たちはこの大地で勤勉に働き、輝かしい文化を築き上げました。黄河は、さすが中国文化の発祥地と呼ばれるにふさわしいのです。

第**3**部分	問題 p.106

解答例音声
🎧 21KQ1-kaito3

第3部分は問題用紙に印字された質問に対して答える問題です。解答例はあくまでも一例ですが参考にしてください。

5

問題文和訳

ライバルは友人でもある、と言う人がいます。例を挙げてあなたの考えを話してください。

解答例

Wǒ rènwéi bù néng yígài érlùn. Zhǐyǒu dāng liǎng zhě zhījiān xíngchéng le yì zhǒng liángxìng jìngzhēng de
我 认为 不 能 一概而论。只有 当 两 者 之间 形成 了 一 种 良性 竞争 的

guānxì shí, jìngzhēng duìshǒu cái shì péngyou. Lìrú, yùndòngyuánmen zài sàichǎng shàng xiānghù jìngzhēng, jìngzhēng
关系 时, 竞争 对手 才 是 朋友。例如, 运动员们 在 赛场 上 相互 竞争, 竞争

de guòchéng yě shì hùxiāng jīlì, hùxiāng cùjìn de guòchéng. Jìngzhēng duìshǒu de cúnzài, ràng tāmen bǐcǐ
的 过程 也 是 互相 激励、互相 促进 的 过程。 竞争 对手 的 存在, 让 他们 彼此

nénggòu gèng hǎo de shùlì zìjǐ de mùbiāo, gěi tāmen qiánjìn de dònglì, cùshǐ tāmen búduàn zhuīqiú jìnbù,
能够 更 好 地 树立 自己 的 目标, 给 他们 前进 的 动力, 促使 他们 不断 追求 进步,

chāoyuè zìwǒ. Yīnwèi liǎng gè rén zuò de shìqing xiāngtóng, hùxiāng zhījiān yě gèng nénggòu lǐjiě duìfāng,
超越 自我。因为 两 个 人 做 的 事情 相同, 互相 之间 也 更 能够 理解 对方,

suǒyǐ huì bǐcǐ chǎnshēng hǎo yìnxiàng. Dànshì, yǒu de rén wèile zài jìngzhēng zhōng shènglì, shǐyòng yìxiē
所以 会 彼此 产生 好 印象。但是, 有 的 人 为了 在 竞争 中 胜利, 使用 一些

èliè de shǒuduàn wūmiè、yāzhì duìshǒu, mùdì jǐnjǐn shì wèile dǎkuǎ duìfāng, ér bìngfēi tígāo zìjǐ.
恶劣 的 手段 污蔑、压制 对手, 目的 仅仅 是 为了 打垮 对方, 而 并非 提高 自己。

Zhèyàng de jìngzhēng duìshǒu, juéduì bù kěnéng shì péngyou.
这样 的 竞争 对手, 绝对 不 可能 是 朋友。

解答例和訳

私は一概には言えないと思います。両者の間に良い競争関係が出来上がっていて、はじめてライバルは友人だと言えます。例えば、スポーツ選手は競技場で互いに競い合いますが、競い合いの過程は互いに励まし、互いに刺激し合う過程でもあります。ライバルがいるおかげで、お互いにより良く自分の目標を打ち立て、前に進む原動力を得て、絶えずレベルアップを追求し、自分を乗り越えることができるのです。2人のやっていることが同じなので、互いに相手のことをより理解することができ、だからお互いに良い印象が生まれるのです。しかし、中には競争に勝利するために、悪辣な手段で相手を辱め、押さえつけるような人もいます。目的はただ相手をたたきつぶすためであり、自分を高めるためではないのです。このようなライバルは、決して友人ではあり得ません。

6

【問題文和訳】

　今、公共の場所での喫煙を全面的に禁止している都市がありますが、このことは個人の自由への干渉であると考える人がいます。あなたはこの問題についてどう考えますか?

【解答例】

Wǒ rènwéi chéngshì quánmiàn jìnzhǐ zài gōnggòng chǎngsuǒ xī yān fēicháng yǒu bìyào, zhè bìng bú shì
我 认为 城市 全面 禁止 在 公共 场所 吸烟非常 有 必要, 这 并 不 是
gānshè gèrén zìyóu. Shǒuxiān, zài gōnggòng chǎngsuǒ xī yān huì wēihài tārén de jiànkāng. Jìnzhǐ zài gōnggòng
干涉 个人 自由。首先, 在 公共 场所 吸 烟 会 危害 他人 的 健康。禁止 在 公共
chǎngsuǒ xī yān nénggòu bǎohù dàjiā bú shòu èrshǒuyān de wēihài, wéihù dàjiā de jiànkāng. Qícì, zài
场所 吸 烟 能够 保护 大家 不 受 二手烟 的 危害, 维护 大家 的 健康。其次, 在
gōnggòng chǎngsuǒ xī yān huì gěi értóng yǔ qīngshàonián dàilái bùliáng shìfàn, zàochéng huài de yǐngxiǎng. Suǒyǐ,
公共 场所 吸 烟 会 给 儿童 与 青少年 带来 不良 示范, 造成 坏 的 影响。所以,
jìnzhǐ zài gōnggòng chǎngsuǒ xīyān jiànlì le yì zhǒng liánghǎo de gōnggòng dàodé guīfàn, shì guīfàn qúnzhòng
禁止 在 公共 场所 吸烟 建立 了 一 种 良好 的 公共 道德 规范, 是 规范 群众
shèhuì xíngwéi de bìyào cuòshī. Ér zài gèrén zìyóu fāngmiàn, wǒ rènwéi zài gōnggòng chǎngsuǒ de gèrén zìyóu
社会 行为 的 必要 措施。而 在 个人 自由 方面 , 我 认为 在 公共 场所 的 个人 自由
shì jiànlì zài zūnshǒu shèhuì gōnggòng dàodé guīfàn de jīchǔ shàng de xiāngduì zìyóu. Dāng gèrén de xíngwéi
是 建立 在 遵守 社会 公共 道德 规范 的 基础 上 的 相对 自由。 当 个人 的 行为
wēihài dào tārén jiànkāng huò duì shèhuì dàilái bùliáng yǐngxiǎng shí, yīnggāi shòudào xiànzhì.
危害 到 他人 健康 或 对 社会 带来 不良 影响 时, 应该 受到 限制。

【解答例和訳】

　私は都市が公共の場所での喫煙を全面的に禁止することは非常に必要な事だと思います。これは決して個人の自由への干渉ではありません。まず、公共の場所で喫煙をすると他人の健康に害を与えるでしょう。公共の場所での喫煙を禁止すれば人々を副流煙の危害から守り、人々の健康を維持することができます。次に、公共の場所で喫煙すると子供や青少年に良くない手本を見せることとなり、悪影響を及ぼします。ゆえに、公共の場所での喫煙の禁止は良好な公共の道徳規範を打ち立てたものであり、人々の社会的行動を規範化する必要な措置なのです。一方個人の自由ということについて言いますと、私は公共の場所での個人の自由とは社会の公共の道徳規範を順守した上に打ち立てられる相対的な自由だと思います。個人の行為が他人の健康を損なったり社会に悪影響をもたらしたりするような場合は、当然制限を受けるべきです。

你好！你叫什么名字？ （10秒）
你是哪国人？ （10秒）
你的序号是多少？ （10秒）

　　好，现在开始第1到3题。每题你会听到一段话，请在"嘀"声后复述这段话。现在开始第1题。

1.（2分钟）
　　有位科学家曾做过这样一个实验。他在一个装有香蕉的箱子顶部开了个孔，孔的大小刚好能让猴子把手伸进去。猴子想要抓香蕉，就必须握起拳头，但是握起的拳头却没法从孔中挣脱出来。于是，猴子就面临着两个选择：要么放下香蕉，将手拿出来；要么握着香蕉，手却困在箱子里。实验的结果是：猴子一直握着香蕉，没有放手。

2.（2分钟）
　　孩子的自我认识水平很低，他们主要依据他人，尤其是崇拜的老师或父母对自己的评价来认识自己。假如老师或父母给予他们的评价是负面的，他们就会深信不疑，从而产生严重的自卑感，不知不觉中按"坏孩子"的标准行事。长此以往，他们就可能变成真正的"坏孩子"了。

3.（2分钟）
　　有一些植物可以预报天气，比如生长在广西某地的"气象树"。晴天时，它的叶子一般是深绿色的。如果叶子变红，就预示着两天内这一带将会下大雨。多年来，当地农民就是根据"气象树"叶子颜色的变化来预测天气，进而合理安排农事活动的。

　　好，现在开始准备第4到6题，可以在试卷上写提纲，准备时间为10分钟。

　　准备时间结束。现在开始朗读第4题。（2分钟）
　　第4题结束。现在开始回答第5题。（2.5分钟）
　　第5题结束。现在开始回答第6题。（2.5分钟）

　　好，考试现在结束，谢谢你！

※すべての放送内容のスクリプトは123ページにもあります。　　　　問題（放送内容）音声 21KQ2

第**1**部分　問題 p.107

　第1部分は聞いた文の内容をもう一度言い直す問題です。内容の重要なポイントを押さえ、自分の言葉で言い換える練習をしましょう。

1

スクリプト

"Chuāngbiānzú" yuán zhǐ zài zhíchǎng zhōng bú shòu zhòngyòng de zhíyuán, tāmen de bàngōng zuòwèi
" 窗边族 " 原 指 在 职场 中 不 受 重用 的 职员，他们 的 办公 座位

chángcháng wèiyú chuāngbiān róngyì bèi hūshì de jiǎoluò. Rújīn zhè ge míngchēng gèng shìyòng yú nàxiē
常常 位于 窗边 容易 被 忽视 的 角落。如今 这 个 名称 更 适用 于 那些

chūrù zhíchǎng、bùzhīsuǒcuò de zhíchǎng xīnrén. Tāmen bù dǒng zhíchǎng guīzé, wúfǎ róngrù zhíchǎng
初入 职场、不知所措 的 职场 新人。他们 不 懂 职场 规则，无法 融入 职场

shēnghuó, nányǐ dédào zhòngyòng. Zuòwéi zhíchǎng xīnrén, yīnggāi jíshí tiáozhěng hǎo xīntài, zǎorì quèdìng
生活，难以 得到 重用。作为 职场 新人，应该 及时 调整 好 心态，早日 确定

zhíyè fāzhǎn de fāngxiàng yǔ mùbiāo, bìmiǎn guòshàng "chuāngbiān" shēnghuó.
职业 发展 的 方向 与 目标，避免 过上 " 窗边 " 生活 。

スクリプト和訳

　「窓際族」はもともと、職場の中で重用されない職員のことを指しました。彼らの仕事の席は往々にして窓際で無視されるような隅に位置していました。しかし今ではこの名称は職場に入ったばかりで何をしていいか分からない新入社員に使われるようになりました。彼らは職場の規則が分からず、職場での生活に溶け込めず、重用されることが難しいです。新入社員としては、速やかに気持ちを整えて、1日も早く職業の発展の方向と目標を定め、「窓際」生活を送らなくて済むようにすべきです。

2

Niǎolèi jùyǒu jiào qiáng de fùjí yǒuhài wùzhì de gōngnéng.　Tāmen měitiān xīrù dàliàng de kōngqì,
鸟类 具有 较 强 的 富集 有害 物质 的 功能。 它们 每天 吸入 大量 的 空气,

bìng jìnshí zhòngliàng xiāngdāng yú qí tǐzhòng de shíwù. Chángcǐyǐwǎng, kōngqì huòzhě shíwù zhōng de yǒuhài
并 进食 重量 相当 于 其 体重 的 食物。长此以往, 空气 或者 食物 中 的 有害

wùzhì biàn búduàn zài qí tǐnèi jùjī.　Yīncǐ, xiǎngyào liǎojiě mǒudì de huánjìng wūrǎn zhuàngkuàng,
物质 便 不断 在 其 体内 聚积。因此, 想要 了解 某地 的 环境 污染　状况 ,

tōngguò shōují hé fēnxī dāngdì niǎolèi de wèi nèiróngwù biàn kě dézhī.
通过 收集 和 分析 当地 鸟类 的 胃 内容物 便 可 得知。

　鳥類は有害物質を濃縮するための比較的優れた機能を持っています。それら（鳥類）は毎日大量の空気を吸いこみ、また自分の体重に相当する重さの食物を摂取します。それにより、空気や食物の中の有害物質が絶えずその体内に蓄積されています。それゆえ、ある地域の環境汚染の状況を知りたければ、その地域の鳥類の胃の内容物を収集・分析すれば知ることができます。

3

Yí gè niánqīngrén jì le duō fèn jiǎnlì hé qiúzhíxìn dào yìxiē gōngsī yìngpìn, qízhōng yǒu jiā gōngsī
一 个 年轻人 寄 了 多 份 简历 和 求职信 到 一些 公司 应聘, 其中 有 家 公司

huíxìn gěi tā: "suīrán nǐ de wéncǎi hěn hǎo, dàn wǒmen cóng nǐ de láixìn zhōng fāxiàn le bùshǎo
回信 给 他:"虽然 你 的 文采 很 好, 但 我们 从 你 的 来信 中 发现 了 不少

yǔfǎ cuòwù, shènzhì háiyǒu jǐ gè cuòbiézì." Niánqīngrén chóngxīn chákàn le zìjǐ de qiúzhíxìn hòu
语法 错误, 甚至 还有 几 个 错别字。" 年轻人 重新 查看 了 自己 的 求职信 后

fāxiàn quèshí rúcǐ, tā rènwéi yīnggāi gǎnxiè zhè jiā gōngsī zhǐchū zìjǐ de cuòwù, ràng zìjǐ déyǐ
发现 确实 如此, 他 认为 应该 感谢 这 家 公司 指出 自己 的 错误, 让 自己 得以

gǎizhèng. Yúshì tā gěi zhè jiā gōngsī xiě le yì fēng gǎnxièxìn. Jǐ tiān hòu, tā zàicì shōudào zhè jiā
改正。于是 他 给 这 家 公司 写 了 一 封 感谢信。几 天 后, 他 再次 收到 这 家

gōngsī de huíxìn, xìn shàng tōngzhī tā bèi lùyòng le.
公司 的 回信, 信 上 通知 他 被 录用 了。

　ある若者がいくつかの会社に応募するために何通もの履歴書や求職書を送りました。そしてその中のある会社が彼に返信をしました。「あなたの文才はなかなかのものですが、私たちはあなたのお手紙の中に多数の文法の誤りを発見し、中にはいくつかの誤字や当て字までありました。」若者は改めて自分の求職書を見直してみたところ確かにその通りであることが分かったので、彼は自分の誤りを指摘して自分に訂正させてくれたことをこの会社に感謝しなければならないと考えました。そこで彼はこの会社に感謝の手紙を書きました。数日後、彼はまたこの会社の返信を受け取ると、手紙には彼が採用されたことが通知されていました。

第2部分は問題用紙に印字された文章を朗読する問題です。何度も聞いて、正しく発音できるように練習しましょう。

4

問題文ピンイン

Yǔ duǎnxìn, yóujiàn xiāngbǐ, dǎ diànhuà shì yìzhǒng jíshíxìng jiào qiáng de jiāoliú fāngshì, dàn rénmen bìng
与 短信、邮件 相比，打 电话 是 一种 即时性 较 强 的 交流 方式，但 人们 并
bú rènwéi tā shì zuì yǒuxiào de jiāoliú fāngshì.
不 认为 它 是 最 有效 的 交流 方式。

Tōngguò fā duǎnxìn huò yóujiàn jìnxíng jiāoliú shí, rénmen kěyǐ lìyòng nǐláiwǒwǎng zhījiān cúnzài de shíjiān
通过 发 短信 或 邮件 进行 交流 时，人们 可以 利用 你来我往 之间 存在 的 时间
jiàngé, lái jiǎnchá zìjǐ de wénzì, yǐ quèbǎo zhǔnquè de biǎodá zìjǐ de yìsi. Ér zài diànhuà jiāoliú
间隔，来 检查 自己 的 文字，以 确保 准确 地 表达 自己 的 意思。而 在 电话 交流
zhōng, rénmen xūyào kuàisù xiāohuà duìfāng chuándì lái de xìnxī, quèdìng zìjǐ de xiǎngfǎ, bìng yòng shìdàng de
中，人们 需要 快速 消化 对方 传递 来 的 信息，确定 自己 的 想法，并 用 适当 的
kǒuwěn jíshí zuòchū huíyìng. Fǒuzé, hěn róngyì chūxiàn gāngà de "chénmò jiēduàn", ér duì chénmò jíqí kěnéng
口吻 及时 作出 回应。否则，很 容易 出现 尴尬 的 "沉默 阶段"，而 对 沉默 及其 可能
zàochéng de hòuguǒ de dānxīn, shì rénmen hàipà diànhuà jiāoliú de yuányīn zhī yī.
造成 的 后果 的 担心，是 人们 害怕 电话 交流 的 原因 之一。

Miànduìmiàn jiāoliú tóngyàng jùyǒu jíshíxìng, dàn tā què méiyǒu diànhuà jiāoliú nàme "kěpà". Zhè shì
面对面 交流 同样 具有 即时性，但 它 却 没有 电话 交流 那么 "可怕"。 这 是
yīnwèi zài miànduìmiàn jiāoliú de guòchéng zhōng, rénmen néng huòdé zhūrú miànbù biǎoqíng, zhītǐ dòngzuò děng
因为 在 面对面 交流 的 过程 中，人们 能 获得 诸如 面部 表情、肢体 动作 等
xiànsuǒ zuòwéi zìjǐ yánxíng de cānkǎo. Dàn zài diànhuà jiāoliú zhōng, zhèxiē xiànsuǒ quánbù bèi píngbì le, rénmen
线索 作为 自己 言行 的 参考。但 在 电话 交流 中，这些 线索 全部 被 屏蔽 了，人们
zhǐ néng gēnjù shēngyīn zuòchū huíyìng, yīncǐ rénmen duì jiāoliú guòchéng zhōng shuō cuò huà de dānyōu yě huì
只 能 根据 声音 作出 回应，因此 人们 对 交流 过程 中 说 错话 的 担忧 也 会
suí zhī zēngjiā.
随 之 增加。

問題文和訳

電話をかけることは、携帯メールや電子メールと比べると比較的に即時性のあるコミュニケーション方法ですが、しかし、人々は最も有効なコミュニケーション方法とは（決して）考えていません。

携帯メールや電子メールを送ることでコミュニケーションを取る場合、自分と相手とのやり取りの際にできる時間的間隔を利用して、自分の書いた文章をチェックし、正確に自分の意図を伝えられるようにすることができます。しかし電話でコミュニケーションを取る際は、相手の送ってきた情報を素早く消化し、自分の考えをまとめ、さらに適切な口調で速やかに反応を返さなければなりません。さもないと、気まずい「沈黙の段階」が現れやすくなり、沈黙およびそれらにより引き起こされるだろう結果を心配することが、人々が電話でのコミュニケーションを恐れる原因の一つなのです。

顔を合わせてのコミュニケーションも同様に即時性を持っていますが、電話でのコミュニケーションほど「怖く」ありません。それは顔を合わせてコミュニケーションを取る過程の中で、例えば相手の顔の表情や手足の動きなどを手掛かりとして自分の言行の参考とすることができるからです。しかし電話でのコミュニケーションでは、こういった手掛かりはすべて遮られてしまっており、声だけを手掛かりに反応を返すしかなく、それゆえコミュニケーションの中で何か不適切なことを言うのではないかという心配も増加するのです。

第3部分は問題用紙に印字された質問に対して答える問題です。解答例はあくまでも一例ですが参考にしてください。

5

問題文和訳

今、よりよい就職をするために、様々な資格試験の受験に多くの時間と精力を費やす人が増えています。あなたはこのことについてどう思いますか？ それはなぜですか？

解答例

Wǒ rènwéi shìdàng de zhèngshū kěnéng chéngwéi qiúzhí shí de "Qiāoménzhuān", wèi qiúzhízhě zēngjiā jìngzhēnglì.
我 认为 适当 的 证书 可能 成为 求职 时 的 "敲门砖"，为 求职者 增加 竞争力。

Dànshì, zhèngshū bìng bú shì yuè duō yuè hǎo. Shǒuxiān, bùtóng hángyè yāoqiú de xuéshí huò nénglì bùtóng. Rúguǒ
但是，证书 并 不 是 越 多 越 好。首先，不同 行业 要求 的 学识 或 能力 不同。如果

zìjǐ yōngyǒu de zhèngshū hé yòng rén dānwèi yāoqiú de xuéshí, nénglì wúguān, jiù wúfǎ wèi zìjǐ de qiúzhí
自己 拥有 的 证书 和 用人 单位 要求 的 学识、能力 无关，就 无法 为 自己 的 求职

huódòng jiā fēn. Érqiě, zhèngshū kǎoshì xūyào huāfèi dàliàng de shíjiān hé jīnglì, yíwèi de zhuīqiú zhèngshū
活动 加 分。而且，证书 考试 需要 花费 大量 的 时间 和 精力，一味 地 追求 证书

shùliàng, bǎ yǒuxiàn de shíjiān hé jīnglì huāfèi zài zhèngshū kǎoshì shàng, xiāngfǎn huì dǎozhì zìjǐ wúfǎ gèng
数量，把 有限 的 时间 和 精力 花费 在 证书 考试 上，相反 会 导致 自己 无法 更

yǒu zhēnduìxìng de zuò qiúzhí zhǔnbèi. Qícì, bùtóng zhèngshū de shíyòng jiàzhí bùtóng, shíyòngxìng bù gāo de
有 针对性 地 做 求职 准备。其次，不同 证书 的 实用 价值 不同，实用性 不 高 的

zhèngshū tóngyàng wúfǎ zài qiúzhí zhōng qǐdào jījí zuòyòng. Suǒyǐ, wǒ rènwéi, wǒmen kěyǐ zhēnduì zìjǐ
证书 同样 无法 在 求职 中 起到 积极 作用。所以，我 认为，我们 可以 针对 自己

de jiùyè fāngxiàng, kǎoqǔ shíyòngxìng gāo qiě jùyǒu xiāngguānxìng de zhèngshū, juéduì bù kěyǐ mángmù gēnsuí
的 就业 方向，考取 实用性 高 且 具有 相关性 的 证书，绝对 不 可以 盲目 跟随

shímáo, bǎ zhèngshū de shùliàng zuòwéi zìjǐ de yōushì.
时髦，把 证书 的 数量 作为 自己 的 优势。

解答例和訳

私は適切な資格は就職活動の時の「切り札」となって、求職者の競争力を高めると思います。しかし、資格は多ければ多いほどよいというわけではありません。まず、職種によって必要な学識や能力は異なります。もし自分の持っている資格が求人企業の求める学識や能力と無関係であるなら、自分の就職活動を有利にしようがありません。しかも、資格試験には多くの時間と労力を費やさなければならないので、ひたすら資格の数を追い求め、限りある時間と労力を資格試験に費やしてばかりいると、方向性を持った就職活動の準備のしようがないでしょう。次に、資格の実際の価値はそれぞれ違います。実用性の高くない資格だとやはり就職活動の中でプラスの効果をもたらすことはできません。したがって、私たちは自分の就職の方向性に焦点を合わせて、実用性が高く関連性のある資格を取ればよいのであって、決して盲目的に流行に従い、資格の数を自分の強みとしてはならないと思います。

問題文和訳

「(自分の進むべき) 方向性が努力より重要、能力が知識より重要」と言う人がいます。あなたはこの考え方に賛成ですか？　あなたの考えを話してください。

解答例

Wǒ tóngyì zhè ge guāndiǎn. Guānyú "fāngxiàng bǐ nǔlì zhòngyào", wǒ rènwéi, bùguǎn zuò shénme shìqing,
我 同意 这 个 观点。关于 " 方向 比 努力 重要 "，我 认为，不管 做 什么 事情，

zài kāishǐ nǔlì zhīqián, bìxū xuǎnduì fāngxiàng. Rúguǒ fāngxiàng cuò le, nàme yuè nǔlì, jiù huì lí mùbiāo
在 开始 努力 之前，必须 选对 方向。如果 方向 错 了，那么 越 努力，就 会 离 目标

yuè yuǎn. Zhèngquè de fāngxiàng shì nǔlì de qiántí, xiàngzhe cuòwù de fāngxiàng nǔlì, zhǐnéng shì làngfèi
越 远。 正确 的 方向 是 努力 的 前提，向着 错误 的 方向 努力，只能 是 浪费

shíjiān. Guānyú "nénglì bǐ zhīshi zhòngyào", wǒ rènwéi, wǒmen xuéxí zhīshi, shì wèile duì qí jìnxíng yìngyòng.
时间。关于 " 能力 比 知识 重要 "，我 认为，我们 学习 知识，是 为了 对 其 进行 应用。

Rúguǒ méiyǒu yìngyòng zhīshi de nénglì, bùguǎn zhīshi duōme fēngfù, dōu zhǐnéng shì zhǐshàngtánbīng. Nénglì shì
如果 没有 应用 知识 的 能力，不管 知识 多么 丰富，都 只能 是 纸上谈兵。 能力 是

yìzhǒng nèizài sùzhì, tā xiāngduì bǐjiào wěndìng, dànshì zhīshi què chǔyú búduàn gēngxīn de guòchéng zhōng.
一种 内在 素质， 它 相对 比较 稳定，但是 知识 却 处于 不断 更新 的 过程 中。

Dāng wǒmen jùbèi nénglì shí, nǎpà zànshí bú jùbèi xiāngguān zhīshi, yě kěyǐ jiào kuài de zhǎngwò bìng
当 我们 具备 能力 时，哪怕 暂时 不 具备 相关 知识，也 可以 较 快地 的 掌握 并

yìngyòng zhīshi. Érqiě, dāng zhīshi fāshēng biànhuà shí, rúguǒ quēfá nénglì, kěnéng huì nányǐ xùnsù yìngduì.
应用 知识。而且， 当 知识 发生 变化 时，如果 缺乏 能力，可能 会 难以 迅速 应对。

解答例和訳

私はこの考え方に賛成です。「方向性（自分の進むべき方向を見極めること）が努力より重要」ということについて、私は何をするにしても、努力し始める前に正しい方向を選ぶ必要があると思います。もし方向が間違っていたら、努力すればするほど目標から遠く離れてしまいます。正確な方向は努力の前提です。間違った方向に向かって努力するのは、時間を無駄にするばかりです。「能力が知識より重要」ということについて言いますと、私たちが知識を学ぶのは、それを応用するためだと思います。もし知識を応用する能力がなければ、たとえ知識が豊富であろうと、机上の空論でしかありません。能力は一種の内在的な素養であり、比較的変化しにくいものですが、知識は絶えず更新の過程にあります。私たちが能力を備えた時、たとえ今はまだ関連の知識を持っていなかったとしても、比較的速く知識を身につけた上で応用することができます。しかも知識が変化した時に、もし能力が欠けていれば、それに素早く対応することは難しいかもしれません。

你好！你叫什么名字？ （10秒）

你是哪国人？ （10秒）

你的序号是多少？ （10秒）

好，现在开始第1到3题。每题你会听到一段话，请在"嘀"声后复述这段话。现在开始第1题。

1．（2分钟）

"窗边族"原指在职场中不受重用的职员，他们的办公座位常常位于窗边容易被忽视的角落。如今这个名称更适用于那些初入职场、不知所措的职场新人。他们不懂职场规则，无法融入职场生活，难以得到重用。作为职场新人，应该及时调整好心态，早日确定职业发展的方向与目标，避免过上"窗边"生活。

2．（2分钟）

鸟类具有较强的富集有害物质的功能。它们每天吸入大量的空气，并进食重量相当于其体重的食物。长此以往，空气或者食物中的有害物质便不断在其体内聚积。因此，想要了解某地的环境污染状况，通过收集和分析当地鸟类的胃内容物便可得知。

3．（2分钟）

一个年轻人寄了多份简历和求职信到一些公司应聘，其中有家公司回信给他："虽然你的文采很好，但我们从你的来信中发现了不少语法错误，甚至还有几个错别字。"年轻人重新查看了自己的求职信后发现确实如此，他认为应该感谢这家公司指出自己的错误，让自己得以改正。于是他给这家公司写了一封感谢信。几天后，他再次收到这家公司的回信，信上通知他被录用了。

好，现在开始准备第4到6题，可以在试卷上写提纲，准备时间为10分钟。

准备时间结束。现在开始朗读第4题。（2分钟）

第4题结束。现在开始回答第5题。（2.5分钟）

第5题结束。现在开始回答第6题。（2.5分钟）

好，考试现在结束，谢谢你！

高級 第2回

※すべての放送内容のスクリプトは129ページにもあります。　　　問題（放送内容）音声 🎧 21KQ3

第 1 部分 ｜ 問題 p.108

　　第1部分は聞いた文の内容をもう一度言い直す問題です。内容の重要なポイントを押さえ、自分の言葉で言い換える練習をしましょう。

1

スクリプト

Gōngchǎng dà pīliàng shēngchǎn xiāngzào shí, nánmiǎn huì chūxiàn hézi lǐ méi zhuāng xiāngzào de
工厂 大 批量 生产 香皂 时，难免 会 出现 盒子 里 没 装 香皂 的
qíngkuàng. Wèile zhǎochū kōng hézi, yǒu jiā gōngchǎng huāfèi shù shí wàn gòuzhì le yì tái jīqì,
情况 。 为了 找出 空 盒子，有 家 工厂 花费 数 十 万 购置 了 一 台 机器，
tōngguò zhè tái jīqì de tòushì jìshu lái cházhǎo kōng hézi. Ér lìng yì jiā gōngchǎng zhǐ mǎi le yì
通过 这 台 机器 的 透视 技术 来 查找 空 盒子。而 另 一 家 工厂 只 买 了 一
tái dà diànshàn, duìzhe zhuānghé chéngxù de liúshuǐxiàn chuī fēng. Jīngguò dà diànshàn yì chuī, méiyǒu zhuāng
台 大 电扇，对着 装盒 程序 的 流水线 吹 风。经过 大 电扇 一 吹，没有 装
xiāngzào de kōng hézi zìrán jiù bèi chuīzǒu le.
香皂 的 空 盒子 自然 就 被 吹走 了。

スクリプト和訳

　　工場がせっけんを大量生産する時、どうしてもせっけんの入っていない箱が出てしまう状況は避けられません。空箱を探し出すために、ある工場では数十万の金を費やして機械を購入し、この機械の透視技術によって空箱を見つけ出すようにしています。ところが別のある工場では単に大きな扇風機を購入し、箱詰め工程のラインに向けて風を送っているだけです。大きな扇風機が風を送ると、せっけんの入っていない空箱が自然に吹き飛ばされるのです。

2

スクリプト

Hěn duō rén rènwéi ānjìng de huánjìng yǒulì yú tígāo gōngzuò xiàolǜ. Ránér zài jìnxíng chuàngzàoxìng
很 多 人 认为 安静 的 环境 有利 于 提高 工作 效率。然而 在 进行 创造性

de gōngzuò shí, bǎochí juéduì de ānjìng bìng bú shì yí gè hěnhǎo de xuǎnzé. Xiāngfǎn, yǒu yídìng
的 工作 时，保持 绝对 的 安静 并 不 是 一 个 很好 的 选择。 相反，有 一定

zàoshēng de huánjìng wǎngwǎng gèng róngyì jīfā rénmen de chuàngzàolì, zhè shì yīnwèi shìdù de zàoyīn
噪声 的 环境 往往 更 容易 激发 人们 的 创造力，这 是 因为 适度 的 噪音

gānrǎo néng gǎibiàn rénmen yǐyǒu de sīwéi móshì. Zhè yě shì hěn duō rén xǐhuan qù kāfēitīng gōngzuò de
干扰 能 改变 人们 已有 的 思维 模式。这 也 是 很 多 人 喜欢 去 咖啡厅 工作 的

yí gè yuányīn.
一 个 原因。

スクリプト和訳

　静かな環境は仕事の効率を上げるのに有利だと多くの人が考えています。しかしクリエイティブな仕事をする場合、絶対的な静かさを保つことは実はよい選択ではありません。逆に、ある程度騒音のある環境こそ往々にして人間の創造力を刺激しやすいです。これは適度な騒音の妨害が人々の既存の思考モデルを変えることができるからです。これはまた多くの人が喫茶店に行って仕事をするのを好むことの理由の1つでもあります。

3

スクリプト

"Nóngjiālè" shì yì zhǒng xīnxíng de lǚyóu xiūxián xíngshì, hěn shòu chéngshì rén de huānyíng. Nóngjiālè
"农家乐" 是 一 种 新型 的 旅游 休闲 形式，很 受 城市 人 的 欢迎。农家乐

zhōubiān duō shì měilì de zìrán tiányuán fēngguāng, kōngqì qīngxīn, huánjìng yōuměi. Zhǔyíng de chǎnpǐn duō
周边 多 是 美丽 的 自然 田园 风光，空气 清新，环境 优美。主营 的 产品 多

jùyǒu dāngdì tèsè, érqiě wùměijiàlián. Láidào Nóngjiālè, rénmen jì kěyǐ huíguī zìrán, shūhuǎn jīngshén
具有 当地 特色，而且 物美价廉。来到 农家乐，人们 既 可以 回归 自然，舒缓 精神

yālì; yòu néng pǐnwèi tèsè měishí, gǎnshòu dāngdì wénhuà.
压力；又 能 品味 特色 美食，感受 当地 文化。

スクリプト和訳

　「ファームステイ」は新しい旅行観光形式で、都市部の人々にとても人気があります。ファームステイの周辺は多くの場合美しい自然と田園の風景で、空気がさわやかで、環境が素晴らしいです。取り扱っている主な製品は現地の特色を備えたもので、しかも品質はよく安いです。ファームステイに来ると、人々は自然に帰って精神的ストレスを和らげることができ、また特色あるグルメを堪能し、現地の文化を体感することもできます。

第2部分は問題用紙に印字された文章を朗読する問題です。何度も聞いて、正しく発音できるように練習しましょう。

4

(問題文ピンイン)

Yǒu yí wèi zhùmíng de huàjiā huà le yì fú 《Mǎshícǎotú》, huà shàng de mǎ xǔxǔrúshēng, shífēn bīzhēn,
有 一 位 著名 的 画家 画 了 一 幅 《马食草图》, 画 上 的 马 栩栩如生, 十分 逼真,

bùshǎo tóngháng kànguo hòu dōu zàntàn bùyǐ.
不少 同行 看过 后 都 赞叹 不已。

Kě yí wèi nóngmín kànguo hòu què bùyǐwéirán, tā duì huàjiā shuō: "nǐ huà de zhè pǐ mǎ shì xiā mǎ
可 一 位 农民 看过 后 却 不以为然, 他 对 画家 说:"你 画 的 这 匹 马 是 瞎 马

a!" Huàjiā tīng hòu fēicháng shēngqì, shuō: "zhè pǐ mǎ míngmíng zhēngzhe yǎnjing zài chī cǎo, nǐ zěnme shuō
啊！"画家 听 后 非常 生气, 说:"这 匹 马 明明 睁着 眼睛 在 吃 草, 你 怎么 说

tā shì pǐ xiā mǎ ne?" Nóngmín jiěshì dào: "zhèng yīnwèi rúcǐ, wǒ cái shuō tā shì yì pǐ xiā mǎ. Mǎ
它 是 匹 瞎 马 呢？"农民 解释 道:" 正 因为 如此, 我 才 说 它 是 一 匹 瞎 马。马

zài cǎocóng zhōng chī cǎo shí, yīnwèi hàipà yǎnjing bèi cǎo yèjiānr cìshāng, suǒyǐ dōu huì bìzhe yǎnjing."
在 草丛 中 吃 草 时, 因为 害怕 眼睛 被 草 叶尖儿 刺伤, 所以 都 会 闭着 眼睛。"

Huàjiā tīng hòu juéde bùkěsīyì, dàn miànduì qítā rén zhìyí de mùguāng, tā zhǐnéng tèyì pǎo qù yí gè
画家 听 后 觉得 不可思议, 但 面对 其他 人 质疑 的 目光, 他 只能 特意 跑 去 一 个

mǎchǎng jìnxíng shídì guānchá, jiéguǒ quèshí rú nà wèi nóngmín suǒshuō. Wèicǐ, tā gǎndào shífēn cánkuì.
马场 进行 实地 观察, 结果 确实 如 那 位 农民 所说。为此, 他 感到 十分 惭愧。

Cóng nà yǐhòu, huàjiā měicì zuò huà shí dōu yào jīngguò zǐxì guānchá hòu cái xiàbǐ, yǐmiǎn huà chūlai
从 那 以后, 画家 每次 作 画 时 都 要 经过 仔细 观察 后 才 下笔, 以免 画 出来

de huàr bèi rén xiàohua.
的 画儿 被 人 笑话。

(問題文和訳)

　ある著名な画家が『草を食む馬の図』という絵を描きました。絵の中の馬は生き生きとして非常に真に迫っており、多くの同業者がそれを見てしきりに感心し賞賛しました。

　しかしある農家の人がその絵を見ると同意できない様子で、画家に「あなたの描いたこの馬は目が見えないのですね！」と言いました。画家はそれを聞いて非常に腹を立てて「この馬は明らかに目を見開いて草を食べています。あなたはどうしてこれが目の見えない馬だと言うのですか?」と言いました。農家の人は「だからこそ、私はこれを目の見えない馬だと言ったのです。馬は草むらで草を食べる時、目が草の葉先で傷ついてしまうのを恐れるので、目を閉じるはずなのです」と説明しました。画家はこれを聞いても合点がいきませんでしたが、他の人の疑いの目があったので、仕方なくわざわざ急いである牧場にまで実際に観察しに行きました。すると確かにその農家の人が言った通りでした。このため、彼は非常に恥ずかしく思いました。

　それからというもの、画家は絵を描く時いつもきめ細かく観察してから描き始め、描いた絵が人に笑われないようにしています。

解答例音声
🎧 21KQ3-kaito3

第3部分は問題用紙に印字された質問に対して答える問題です。解答例はあくまでも一例ですが参考にしてください。

5

(問題文和訳)

「（スターの）追っかけ」はすでに非常に広くみられる現象となりました。この現象の利点と欠点を話してください。

(解答例)

"Zhuīxīng" de duìxiàng, shì zài zìjǐ de shìyè shàng qǔdé le chéngjiù de yǎnyuán děng yǒumíng rén.
"追星" 的 对象，是 在 自己 的 事业 上 取得 了 成就 的 演员 等 有名 人。

Wǒmen bǎ tāmen zuòwéi míngxīng lái chóngbài, duì tāmen de měi yí gè jǔdòng dōu yǒu xìngqù. Tōngguò chóngbài
我们 把 他们 作为 明星 来 崇拜，对 他们 的 每 一 个 举动 都 有 兴趣。 通过 崇拜

míngxīng, wǒmen kěyǐ liǎojiě tāmen de yōuxiù pǐnzhì, huòdé nǔlì gōngzuò, xuéxí de lìliang. Duì míngxīng de
明星，我们 可以 了解 他们 的 优秀 品质，获得 努力 工作、学习 的 力量。对 明星 的

xǐ'ài yě kěnéng chéngwéi yì zhǒng qínggǎn jìtuō, huǎnjiě zìjǐ rìcháng shēnghuó zhōng de yālì. Xīnshǎng
喜爱 也 可能 成为 一 种 情感 寄托，缓解 自己 日常 生活 中 的 压力。欣赏

míngxīng de zuòpǐn, hái kěyǐ huǎnjiě píláo, fàngsōng shēnxīn. Dànshì, rúguǒ bù néng lǐxìng、shìdù de
明星 的 作品，还 可以 缓解 疲劳，放松 身心。但是，如果 不 能 理性、适度 地

"Zhuīxīng", jiù huì dàilái hěn dà de bìduān. Yǒude rén mángmù chóngbài míngxīng, bù jiā fēnbiàn de mófǎng
"追星"，就 会 带来 很 大 的 弊端。有的 人 盲目 崇拜 明星，不 加 分辨 地 模仿

míngxīng de yíqiè xíngwéi, hěn kěnéng huì dǎozhì tāmen sàngshī pànduàn nénglì huòzhě fēnbiàn shìfēi de nénglì.
明星 的 一切 行为，很 可能 会 导致 他们 丧失 判断 能力 或者 分辨 是非 的 能力。

Yě yǒu yìxiē rén wèi míngxīng tóurù le guòdù de gǎnqíng, wèile "Zhuīxīng" hàofèi dàliàng de shíjiān、jīnglì
也 有 一些 人 为 明星 投入 了 过度 的 感情，为了 "追星" 耗费 大量 的 时间、精力

hé jīnqián, jiéguǒ yǐngxiǎng zìjǐ zhèngcháng de gōngzuò、xuéxí huò shēnghuó, shènzhì kěnéng sàngshī zìwǒ.
和 金钱，结果 影响 自己 正常 的 工作、学习 或 生活，甚至 可能 丧失 自我。

(解答例和訳)

「追っかけ」の対象は、自分の分野で成功を収めた俳優などの有名人です。私たちは彼らをスターとして賛美し、彼らの振る舞いすべてに関心を持ちます。スターを賛美することを通して、私たちは彼らの優れた性質を理解し、仕事や勉強に努力するパワーを得ることができます。スターに対する愛も心のよりどころとなったり、自分の日常生活の中のストレスを軽減できたりする可能性があります。スターの作品を鑑賞すると、疲れをいやし、身も心もリラックスさせることができます。しかし、もし理性的で適度な「追っかけ」ができなければ、大きな弊害をもたらすでしょう。中には盲目的にスターに心酔し、取捨選択せずにスターのすべての行動を見習うような人がいますが、そういう人は判断能力や善悪を見極める能力を失ってしまう可能性があります。またスターに過剰に感情を移入すると、「追っかけ」をするために多くの時間や精力と金銭を費やし、その結果自分の正常な仕事や学習あるいは生活に影響を及ぼし、更には自己を失ってしまう可能性もあるのです。

6

　最近では、多くの人が高収入の職業を捨てて、自ら起業することを選ぶようになりました。このことについてあなたはどう考えますか?

解答例

Chuàngyè de mùbiāo shì shíxiàn zìjǐ de mèngxiǎng hé rénshēng jiàzhí. Cóngshì gāoxīn zhíyè de rén yuànyì
创业 的 目标 是 实现 自己 的 梦想 和 人生 价值。从事 高薪 职业 的 人 愿意

fàngqì zìjǐ de gāo shōurù, chéngshòu gèng dà de yālì, tóurù gèng duō de shíjiān yǔ jīnglì, cóng líng
放弃 自己 的 高 收入, 承受 更 大 的 压力,投入 更 多 的 时间 与 精力, 从 零

kāishǐ kāichuàng zìjǐ de shìyè, bìrán xūyào hěn dà de yǒngqì. Zhèyàng de yǒngqì zhídé qīnpèi. Ér bù
开始 开创 自己 的事业,必然 需要 很 大 的 勇气。 这样 的 勇气 值得 钦佩。而 不

mǎnzú yú xiànzhuàng, yǒnggǎn zhuīqiú mèngxiǎng、 miànduì tiǎozhàn, yě shì yì zhǒng jījí de rénshēng tàidù.
满足 于 现状 , 勇敢 追求 梦想 、 面对 挑战,也 是 一 种 积极 的 人生 态度。

Dànshì, chuàngyè shì yí gè shífēn jiānnán de guòchéng, chuàngyèzhě xūyào yǒu lǐngdǎolì、 juécèlì děng zuòwéi
但是, 创业 是 一个 十分 艰难 的 过程 , 创业者 需要 有 领导力、决策力 等 作为

qǐyèjiā de jīběn nénglì, hái xūyào yǒu miànduì kùnnan、 shībài shí búhuì qīngyì fàngqì de rènxìng hé yìlì.
企业家 的 基本 能力,还 需要 有 面对 困难、 失败 时 不会 轻易 放弃 的 韧性 和 毅力。

Érqiě, bǐqǐ cóngshì yí fèn gāoxīn gōngzuò, chuàngyè de fēngxiǎn tōngcháng yě gèng gāo. Yīncǐ, xià juéxīn
而且, 比起 从事 一 份 高薪 工作, 创业 的 风险 通常 也 更 高。因此, 下 决心

zìzhǔ chuàngyè zhīqián, zuìhǎo nénggòu lěngjìng de shěnshì zìjǐ shìfǒu jùbèi chuàngyèzhě xūyào de nénglì,
自主 创业 之前,最好 能够 冷静 地 审视 自己 是否 具备 创业者 需要 的 能力,

shìfǒu nénggòu chéngshòu shībài de fēngxiǎn.
是否 能够 承受 失败 的 风险 。

解答例和訳

　起業の目標は自分の夢や人生の価値を実現することです。高収入の職業に就いている人は自分の高収入を喜んで捨て、より大きなプレッシャーに耐え、より多くの時間と精力を投入し、ゼロから自分の事業を切り拓くので、当然ながら大きな勇気が必要です。このような勇気は敬服に値します。また現状に満足せず、勇敢に夢を追い求め、試練に立ち向かうのも、ある意味で積極的な人生の過ごし方です。しかし、起業は非常に難しい過程であり、起業家はリーダーシップや決断力といった企業家としての基本的な能力が必要であり、さらに困難や失敗に直面した時に簡単にあきらめない粘り強さと強い意志が必要です。しかも、高収入の仕事に就いているのと比べて、起業することにはたいてい大きなリスクが伴います。それゆえ、自ら起業しようと決心する前に、自分が起業家として必要な能力を持っているかどうか、失敗のリスクに耐えられるかどうかを冷静に見極めたほうがいいでしょう。

你好！你叫什么名字？ （10秒）

你是哪国人？ （10秒）

你的序号是多少？ （10秒）

好，现在开始第1到3题。每题你会听到一段话，请在"嘀"声后复述这段话。现在开始第1题。

1.（2分钟）

工厂大批量生产香皂时，难免会出现盒子里没装香皂的情况。为了找出空盒子，有家工厂花费数十万购置了一台机器，通过这台机器的透视技术来查找空盒子。而另一家工厂只买了一台大电扇，对着装盒程序的流水线吹风。经过大电扇一吹，没有装香皂的空盒子自然就被吹走了。

2.（2分钟）

很多人认为安静的环境有利于提高工作效率。然而在进行创造性的工作时，保持绝对的安静并不是一个很好的选择。相反，有一定噪声的环境往往更容易激发人们的创造力，这是因为适度的噪音干扰能改变人们已有的思维模式。这也是很多人喜欢去咖啡厅工作的一个原因。

3.（2分钟）

"农家乐"是一种新型的旅游休闲形式，很受城市人的欢迎。农家乐周边多是美丽的自然田园风光，空气清新，环境优美。主营的产品多具有当地特色，而且物美价廉。来到农家乐，人们既可以回归自然，舒缓精神压力；又能品味特色美食，感受当地文化。

好，现在开始准备第4到6题，可以在试卷上写提纲，准备时间为10分钟。

准备时间结束。现在开始朗读第4题。（2分钟）

第4题结束。现在开始回答第5题。（2.5分钟）

第5题结束。现在开始回答第6题。（2.5分钟）

好，考试现在结束，谢谢你！

※すべての放送内容のスクリプトは135ページにもあります。　　　　問題（放送内容）音声　🎧 21KQ4

第1部分 | 問題 p.109

　第1部分は聞いた文の内容をもう一度言い直す問題です。内容の重要なポイントを押さえ、自分の言葉で言い換える練習をしましょう。

1

スクリプト

Yǒu gè rén chūmén bànshì, dào le mùdìdì zhī hòu fāxiàn méiyǒu tíngchēwèi, biàn bǎ chē tíng zài le
有 个 人 出门 办事，到 了 目的地 之后 发现 没有 停车位，便 把 车 停 在 了
mǎlù shàng. Yīn dānxīn bèi jiāojǐng kāi fádān, tā zài chēzi de yǔshuā xià liú le yì zhāng zhǐtiáo,
马路 上。因 担心 被 交警 开 罚单，他 在 车子 的 雨刷 下 留 了 一 张 纸条，
shàngmiàn xiězhe "wǒ lái cǐ bànshì". Děng bàn wán shì huílái shí, tā fāxiàn yǔshuā xià yīrán yǒu yì
上面 写着 "我 来 此 办事"。等 办 完 事 回来 时，他 发现 雨刷 下 依然 有 一
zhāng wéizhāng tíngchē fádān, érqiě zìjǐ de zhǐtiáo shàng hái duō le yì háng zì "wǒ yě shì".
张 违章 停车 罚单，而且 自己 的 纸条 上 还 多 了 一 行 字 "我 也 是"。

スクリプト和訳

　ある人が用事で出かけた時、目的地に着いてから車を停める場所がないことに気づいたので、車を路上に停めました。交通警察に違反切符を切られるのを心配したので、彼は車のワイパーのところに「用事があってここに来ています」と書いたメモを残しておきました。用事が終わって戻ってくると、彼はワイパーのところに駐車違反切符が残してあり、しかも自分の残したメモには「私もそうです」と一行足されていることに気がつきました。

2

Cóng èrshí shìjì qīshí niándài kāishǐ, xǔduō kēxuéjiā wèi jiějué "Báisèwūrǎn" wèntí, fēnfēn
从 二十 世纪 七十 年代 开始, 许多 科学家 为 解决 "白色污染" 问题, 纷纷
tóushēn yú "Lǜsèsùliào" de yánzhì zhōng. "Lǜsèsùliào" bìng bú shì zhǐ lǜ yánsè de sùliào, érshì
投身 于 "绿色塑料" 的 研制 中。 "绿色塑料" 并 不 是 指绿 颜色 的 塑料, 而是
zhuānmén zhǐ nénggòu zìxíng jiàngjiě hé zài lìyòng, búhuì wūrǎn huánjìng de sùliào. Zhè lèi sùliào zài
专门 指 能够 自行 降解 和 再 利用, 不会 污染 环境 的 塑料。 这 类 塑料 在
yídìng shǐyòng qīxiàn nèi jùyǒu yǔ pǔtōng sùliào zhìpǐn tóngyàng de gōngxiào, bìngqiě duì bǎohù huánjìng
一定 使用 期限 内 具有 与 普通 塑料 制品 同样 的 功效, 并且 对 保护 环境
jùyǒu zhòngdà yìyì.
具有 重大 意义。

　20世紀の70年代（1970年代）から、多くの科学者が「プラスチック汚染」問題を解決するために、次々と「グリーンプラスチック」の研究開発に身を投じてきました。「グリーンプラスチック」は実は緑色のプラスチックを指すわけではなく、自然分解や再利用が可能で、環境を汚染することのないプラスチックのことをもっぱら指します。この種のプラスチックは一定期間内は普通のプラスチック製品と同様の働きを持ち、しかも環境保護ということに大きな意義を持ちます。

3

Suízhe hùliánwǎng de xùnsù fāzhǎn, xiànzài chūxiàn le dàliàng wǎngluòjù. Wǎngluòjù zài nèiróng shàng hé
随着 互联网 的 迅速 发展, 现在 出现 了 大量 网络剧。网络剧 在 内容 上 和
chuántǒng diànshìjù lèisì, qí zhǔyào qūbié zàiyú bōfàng de méijiè, diànshìjù zhǔyào tōngguò diànshì lái
传统 电视剧 类似, 其 主要 区别 在于 播放 的 媒介, 电视剧 主要 通过 电视 来
bōfàng, wǎngluòjù zé yīkào diànnǎo、 shǒujī děng wǎngluò shèbèi lái bōfàng. Wǎngluòjù de chūxiàn, jídà de
播放, 网络剧 则 依靠 电脑、手机 等 网络 设备 来 播放。 网络剧 的 出现, 极大 地
fēngfù le rénmen de yúlè shēnghuó, búguò yóuyú zhìzuò chéngběn hé ménkǎnr jiào dī, bùfèn wǎngluòjù
丰富 了 人们 的 娱乐 生活, 不过 由于 制作 成本 和 门槛儿 较 低, 部分 网络剧
cúnzài zhìliàng chà、 nèiróng wúqù děng qíngkuàng。
存在 质量 差、内容 无趣 等 情况 。

　インターネットの急速な発展に伴い、現在たくさんのネットドラマが現れています。ネットドラマは内容的にはこれまでのテレビドラマと似ていますが、その主な違いは放送される媒体です。テレビドラマは主にテレビで放送されますが、ネットドラマはパソコンや携帯電話等のネット設備を通して放送されます。ネットドラマの出現により、人々の娯楽生活はおおいに豊かになりましたが、制作コストも敷居も比較的低いので、一部のネットドラマはクオリティが低い、内容がつまらない、といった状況があります。

第2部分は問題用紙に印字された文章を朗読する問題です。何度も聞いて、正しく発音できるように練習しましょう。

4

問題文ピンイン

Cóngqián, yǒu wèi huàjiā dǎsuàn huà yì fú rénrén dōu xǐhuan de huàr. Huà wán yǐhòu, tā nádào shìchǎng
从前, 有 位 画家 打算 画 一 幅 人人 都 喜欢 的 画儿。画 完 以后, 他 拿到 市场

shàng zhǎnchū, bìng fùshàng shuōmíng: guānshǎngzhě rúguǒ rènwéi cǐ huàr yǒu qiànjiā zhī chù, jūn kě zài
上 展出, 并 附上 说明 : 观赏者 如果 认为 此 画儿 有 欠佳 之 处, 均 可 在

shàngmiàn zuò jìhao. Wǎnshang huàjiā bǎ huàr qǔ huí jiā shí, fāxiàn zhěng zhāng huàr dōu túmǎn le jìhao
上面 做 记号。晚上 画家 把 画儿 取 回 家 时, 发现 整 张 画儿 都 涂满 了 记号

—— méiyǒu yí chù bú bèi zhǐzé. Huàjiā duì cǐ shēngǎn shīwàng.
——没有 一 处 不 被 指责。画家 对 此 深感 失望。

Guò le jǐ tiān, huàjiā juédìng huàn yì zhǒng fāngfǎ shìshì. Tā yòu huà le yì fú tóngyàng de huàr
过 了 几 天, 画家 决定 换 一 种 方法 试试。他 又 画 了 一 幅 同样 的 画儿

nádào shìchǎng qù zhǎnchū. Ér zhè yí cì, tā xīwàng guānshǎngzhě jiāng zìjǐ zuì xīnshǎng de dìfang biāoshàng
拿到 市场 去 展出。而 这 一 次, 他 希望 观赏者 将 自己 最 欣赏 的 地方 标上

jìhao.
记号。

Dāng huàjiā zàicì qǔhuí huàr shí, fāxiàn huàr shàng yě bèi túmǎn le jìhao, zhǐshì shàng fú huàr
当 画家 再次 取回 画儿 时, 发现 画儿 上 也 被 涂满 了 记号, 只是 上 幅 画儿

bèi zhǐzé de suǒyǒu dìfang, rújīn què dōu biànchéng le zànměi de biāojì.
被 指责 的 所有 地方, 如今 却 都 变成 了 赞美 的 标记。

Huàjiā kànzhe yǎnqián de liǎng fú huàr, gǎnkǎi dào: zài yǒuxiē rén kànlái shì chǒuè de dōngxi, zài lìng
画家 看着 眼前 的 两 幅 画儿, 感慨 道 : 在 有些 人 看来 是 丑恶 的 东西, 在 另

yìxiē rén yǎnlǐ qiàqià shì měihǎo de. Suǒyǐ, wǒmen bùguǎn zuò shénme shì, zhǐyào néng ràng yíbùfen rén
一些 人 眼里 恰恰 是 美好 的。所以, 我们 不管 做 什么 事, 只要 能 让 一部分 人

mǎnyì jiù kěyǐ le.
满意 就 可以 了。

問題文和訳

昔、誰もが気に入る絵を描こうと思った画家がいました。絵を描き終わると、彼はそれを市場に運んで展示し、「絵を鑑賞なさった方はこの絵に不満な箇所がありましたら、そこに記号を付けてくださって結構です」という注意書きを添付しました。夜になって画家が絵を家に持って帰ってくると、絵の上いっぱいに記号が付けてありました。指摘のないところは一箇所もありませんでした。画家はこれには深く失望しました。

数日が経ち、画家は方法を変えて試してみようと決めました。彼は同じような絵を描いて市場に運んで展示しました。ただ今回は、鑑賞した人に自分の最も気に入った箇所に記号を付けるようお願いしました。

画家がまたその絵を持って帰ってくると、やはり絵の上いっぱいに記号が付けてありましたが、前回の絵で指摘されたすべてのところに、今回は賞賛の記号が付けてありました。

画家は目の前にある2枚の絵を見て、感慨深げに言いました。「ある人が醜いと思うものは、また別の人の目には美しいものであるのだ。だから、私たちは何をするにしても、一部の人に満足してもらえればそれでいいのだ。」

第3部分は問題用紙に印字された質問に対して答える問題です。解答例はあくまでも一例ですが参考にしてください。

5

問題文和訳

　旅行する時、あなたは1人で出かけるのが好きですか、それとも誰かと連れ立って行きたいですか？　なぜですか？

解答例

Wǒ xǐhuan jiébàn ér xíng. Shǒuxiān, wǒ tōngcháng huì xuǎnzé qù yìxiē zìjǐ méiyǒu qùguo huò hěn shǎo yǒu
我 喜欢 结伴 而 行。首先，我 通常 会 选择 去 一些 自己 没有 去过 或 很 少 有

jīhuì qù de dìfang lǚxíng, dào yí gè mòshēng de huánjìng shí, rúguǒ yǒu rén jiébàn ér xíng, jiù nénggòu
机会 去 的 地方 旅行，到 一 个 陌生 的 环境 时，如果 有 人 结伴 而 行，就 能够

hùxiāng zhàoyìng, gèng ānquán、ānxīn.   Qícì,   wǒ shì yí gè wàixiàng、xǐhuan rènao de rén, jiébàn lǚxíng kěyǐ
互相 照应，更 安全、安心。其次， 我 是 一 个 外向、喜欢 热闹 的 人，结伴 旅行 可以

hé tóngbàn suíshí fēnxiǎng lǚtú zhōng de jiànwén hé gǎnshòu, biān zǒu biān liáo, bú huì gǎnjué gūdān. Dìsān,
和 同伴 随时 分享 旅途 中 的 见闻 和 感受，边 走 边 聊，不 会 感觉 孤单。第三，

lǚxíng shí, chángcháng huì yùdào xiǎng yào pāizhào huò xūyào yǒu rén bāngmáng kān xíngli děng qíngkuàng, yǒu
旅行 时， 常常 会 遇到 想 要 拍照 或 需要 有 人 帮忙 看 行李 等 情况 ， 有

tóngbàn tóngxíng shí, kěyǐ hùxiāng bāngmáng, gèngjiā fāngbiàn. Zuìhòu, jiébàn tóngxíng yǒushí hái néng píngtān
同伴 同行 时，可以 互相 帮忙 ， 更加 方便。最后，结伴 同行 有时 还 能 平摊

cānyǐn fèi、jiāotōng fèi、 zhùsù fèi děng, jiéyuē lǚxíng chéngběn 。 Dāngrán, bìxū zhǎodào hé zìjǐ hédelái de
餐饮 费、交通 费、住宿 费 等，节约 旅行 成本 。 当然， 必须 找到 和 自己 合得来 的

tóngbàn, fǒuzé hěn yǒu kěnéng yīnwèi yìjiàn bù hé děng yǐngxiǎng lǚxíng de xīnqíng.
同伴， 否则 很 有 可能 因为 意见 不 合 等 影响 旅行 的 心情。

解答例和訳

　私は誰かと連れ立って行く方が好きです。まず、私は普通自分が行ったことのないところかめったに行くチャンスのないところに旅行に行くことを選ぶのですが、よく知らない環境の時は、もし誰かと連れ立って行けば、お互いに面倒を見合うことができ、より安全で安心です。次に、私は外向的で、にぎやかなのが好きなタイプなのですが、誰かと連れ立って旅行すれば同行者といつでも旅行中に見聞きしたことや感想をシェアしたりと、旅行しながらおしゃべりすることができるので、寂しいと感じることがないでしょう。第3に、旅行の時は、写真を撮りたいとか誰かに荷物を見ておいてもらいたいと思うような状況がよくありますが、同行者がいれば、お互いに助け合うことができて、なおいっそう便利です。最後に、誰かと連れ立って行けば飲食費や交通費や宿泊費を割り勘にすることができ、旅行代を節約できます。もちろん、自分と気の合う同行者を見つけなければなりません。そうでなければ意見が合わないなどの原因で旅行の気分に影響を与える可能性があります。

高級　第**4**回

133

問題文和訳

最近、多くの人が「小さな町の家は要らない、むしろ大都市の寝床が1つ欲しい」といった考え方を抱いています。あなたはこの現象をどう見ていますか?

解答例

Wǒ rènwéi zhè yí xiànxiàng tǐxiàn le yǒu zhè zhǒng xiǎngfǎ de rén duì dà chéngshì de xiàngwǎng hé xuǎnzé.
我 认为 这 一 现象 体现 了 有 这 种 想法 的 人 对 大 城市 的 向往 和 选择。

Dà chéngshì yǔ xiǎo chéngshì xiāngbǐ, jùyǒu yǐxià jǐ fāngmiàn de yōushì. Zài gōngzuò fāngmiàn, dà chéngshì yǒu
大 城市 与 小 城市 相比, 具有 以下 几 方面 的 优势。在 工作 方面, 大 城市 有

gèng duō de gōngzuò jīhuì huò chuàngyè zīyuán, kěnéng nénggòu huòdé gèng dà de fāzhǎn kōngjiān. Zài shēnghuó
更 多 的 工作 机会 或 创业 资源, 可能 能够 获得 更 大 的 发展 空间。在 生活

fāngmiàn, dà chéngshì jiāotōng、tōngxìn fādá, shēnghuó gèngjiā fāngbiàn, yīliáo zīyuán yě gèng fēngfù. Zài jiàoyù
方面, 大 城市 交通、通信 发达, 生活 更加 方便, 医疗 资源 也 更 丰富。在 教育

fāngmiàn, dà chéngshì jiàoyù zīyuán jízhōng, nénggòu wèi xiàyídài tígōng gèng hǎo de jiàoyù huánjìng. Dànshì, lìng
方面, 大 城市 教育 资源 集中, 能够 为 下一代 提供 更 好 的 教育 环境。但是, 另

yì fāngmiàn, dà chéngshì jìngzhēng jīliè, shēnghuó yālì dà; xiǎo chéngshì de shēnghuó xiāngduì yōuxián、wěndìng,
一 方面, 大 城市 竞争 激烈, 生活 压力 大;小 城市 的 生活 相对 悠闲、稳定,

shēnghuó chéngběn bǐjiào dī, zhùfáng yě gèng piányi、kuānchang. Xuǎnzé dà chéngshì de yì zhāng chuáng, kěyǐ
生活 成本 比较 低, 住房 也 更 便宜、宽敞。选择 大 城市 的 一 张 床, 可以

shuō shì zài gèng yǒu kěnéngxìng de shēnghuó hé gèng wéi ānyì xiánshì de shēnghuó zhījiān xuǎnzé le qiánzhě.
说 是 在 更 有 可能性 的 生活 和 更 为 安逸 闲适 的 生活 之间 选择 了 前者。

解答例和訳

私はこの現象はこういった考え方の持ち主が大都市にあこがれ大都市を選択しているということをよく表していると思います。大都市は小都市と比べて、以下のいくつかの面のメリットがあります。仕事の面では、大都市はより多くの就職のチャンスや起業の資源がそろっており、より大きな発展の見込みを得られる可能性があります。生活面では、大都市は交通や通信が発達しており、生活がなおいっそう便利で、医療体制も整っています。教育面では、大都市は教育資源が集中しており、次世代により良い教育環境を提供することができます。しかし、一方で、大都市は競争が激しく、生活面でのストレスが大きいですが、小都市の生活は割とのんびりとしていて安定しており、生活費は比較的安く、住居もより安くて広いです。大都市の寝床を選ぶというのは、つまりより可能性のある生活とのんびりゆったりした生活の中から前者を選ぶのだ、と言うことができます。

テスト時放送スクリプト ※スクリプトの指示部分の意味は102〜104ページ、読み上げられた問題の訳と解答例は130〜134ページにあります。

你好！你叫什么名字？ （10秒）

你是哪国人？ （10秒）

你的序号是多少？ （10秒）

好，现在开始第1到3题。每题你会听到一段话，请在"嘀"声后复述这段话。现在开始第1题。

1.（2分钟）

有个人出门办事，到了目的地之后发现没有停车位，便把车停在了马路上。因担心被交警开罚单，他在车子的雨刷下留了一张纸条，上面写着"我来此办事"。等办完事回来时，他发现雨刷下依然有一张违章停车罚单，而且自己的纸条上还多了一行字"我也是"。

2.（2分钟）

从二十世纪七十年代开始，许多科学家为解决"白色污染"问题，纷纷投身于"绿色塑料"的研制中。"绿色塑料"并不是指绿颜色的塑料，而是专门指能够自行降解和再利用，不会污染环境的塑料。这类塑料在一定使用期限内具有与普通塑料制品同样的功效，并且对保护环境具有重大意义。

3.（2分钟）

随着互联网的迅速发展，现在出现了大量网络剧。网络剧在内容上和传统电视剧类似，其主要区别在于播放的媒介，电视剧主要通过电视来播放，网络剧则依靠电脑、手机等网络设备来播放。网络剧的出现，极大地丰富了人们的娱乐生活，不过由于制作成本和门槛儿较低，部分网络剧存在质量差、内容无趣等情况。

好，现在开始准备第4到6题，可以在试卷上写提纲，准备时间为10分钟。

准备时间结束。现在开始朗读第4题。（2分钟）

第4题结束。现在开始回答第5题。（2.5分钟）

第5题结束。现在开始回答第6题。（2.5分钟）

好，考试现在结束，谢谢你！

高級　第4回

※すべての放送内容のスクリプトは141ページにもあります。

問題（放送内容）音声 🎧 21KQ5

第1部分	問題 p.110

第1部分は聞いた文の内容をもう一度言い直す問題です。内容の重要なポイントを押さえ、自分の言葉で言い換える練習をしましょう。

1

スクリプト

Lǎorén zài xiǎoqū lǐ sànbù, yǒu gè rén wèn tā: "wǒ xiǎng bānlái zhèr zhù, zhèlǐ de línjū hǎo
老人 在 小区 里 散步, 有 个 人 问 他："我 想 搬来 这儿 住, 这里 的 邻居 好

ma?" Lǎorén wèn: "nǐ xiànzài de línjū hǎo ma?" Nà ge rén biàn kāishǐ bàoyuàn. Lǎorén
吗？" 老人 问："你 现在 的 邻居 好 吗？" 那 个 人 便 开始 抱怨。 老人

shuō: "nǐ yídìng bú huì xǐhuan zhèlǐ de línjū." Méi duōjiǔ, yòu yǒu rén wèn le lǎorén tóngyàng de
说："你 一定 不 会 喜欢 这里 的 邻居。" 没 多久, 又 有 人 问 了 老人 同样 的

wèntí, lǎorén yě wèn le tā. Dāng tīngdào nà ge rén kuāzàn zìjǐ de línjū shí, lǎorén shuō: "nǐ
问题, 老人 也 问 了 他。 当 听到 那 个 人 夸赞 自己 的 邻居 时, 老人 说："你

yídìng huì xǐhuan zhèlǐ de línjū."
一定 会 喜欢 这里 的 邻居。"

スクリプト和訳

　老人が集合住宅の中を散歩していたところ、ある人が尋ねてきました。「私はここに引っ越してきて住みたいのですが、ここの住人の皆さんはどうですか?」そこで老人は「あなたの今のご近所さんはどうですか?」と質問しました。するとその人はいろいろ愚痴を言い始めました。老人は「あなたはきっとここの住人を好きにはならないでしょう。」と言いました。いくらもしないうちに、またある人が老人に同じような質問をしてきたところ、老人も彼に尋ねました。その人が自分のご近所さんのことを褒めたたえるのを聞くと、老人は「あなたはきっとここの住人のことを気に入るでしょう。」と言いました。

2

Lǚxíng de yìyì, bú zàiyú zuò duōme gāojí de jiāotōng gōngjù, zhù duōme háohuá de jiǔdiàn, chī
旅行 的 意义, 不 在于 坐 多么 高级 的 交通 工具、住 多么 豪华 的 酒店、吃

duōme fēngshèng de shíwù, ér zàiyú lǚtú zhōng néng pèngdào bùtóng de rén、tīngdào gèzhǒng yǒuqù de
多么 丰盛 的 食物, 而 在于 旅途 中 能 碰到 不同 的 人、听到 各种 有趣 的

gùshi、kàndào ràng rén jīngtànbùyǐ de jǐngsè. Tōngguò lǚxíng, wǒmen néng kāikuò shìyě, néng gèng
故事、看到 让 人 惊叹不已 的 景色。通过 旅行, 我们 能 开阔 视野, 能 更

shēnkè de liǎojiě zhè ge shìjiè, cóng'ér yǐ gènghǎo de zhuàngtài tóurù dào xīn de shēnghuó zhōng qù.
深刻 地 了解 这 个 世界, 从而 以 更好 的 状态 投入 到 新 的 生活 中 去。

　旅行の意義は、いかに高級な交通機関に乗り、いかに豪華なホテルに宿泊し、いかに豪勢な食事をするか、ということにあるのではありません。旅行の途中に様々な人と出会い、いろいろな興味深い話を聞き、驚嘆してやまない景色を見ることにあります。旅行を通して、私たちは視野を広げ、この世界のことをより深く理解することができ、それによりさらによい状態で新しい生活に入っていくのです。

3

Wǒmen yídàn shòushāng biàn téngtòng nánnài, dàn dài shāng xùnliàn、rěntòng bǐsài què shì yùndòngyuán
我们 一旦 受伤 便 疼痛 难耐, 但 带 伤 训练、忍痛 比赛 却 是 运动员

de jiāchángbiànfàn. Tāmen wèihé néng yǒu rúcǐ qiáng de téngtòng rěnnàilì? Yǒu lǐlùn rènwéi, zài
的 家常便饭。他们 为何 能 有 如此 强 的 疼痛 忍耐力? 有 理论 认为, 在

sàichǎng shàng, yùndòngyuán gāodù jǐnzhāng, dànǎo huì cùshǐ tāmen zhuǎnyí zhùyìlì cóng'ér hūshì téngtòng.
赛场 上, 运动员 高度 紧张, 大脑 会 促使 他们 转移 注意力 从而 忽视 疼痛。

Érqiě tǒngjì shùjù biǎomíng, yùndòng xùnliàn yǒuzhùyú tígāo rén rěnshòu téngtòng de nénglì. Búguò, dànǎo
而且 统计 数据 表明, 运动 训练 有助于 提高 人 忍受 疼痛 的 能力。不过, 大脑

shì rúhé tiáojié tòngjué gǎnshòu、xùnliàn yòu shì zěnyàng yǐngxiǎng zhè zhǒng guòchéng, dōu hái yǒudài tànsuǒ
是 如何 调节 痛觉 感受、训练 又 是 怎样 影响 这 种 过程, 都 还 有待 探索

hé yánjiū.
和 研究。

　私たちは一旦怪我をすると痛くて耐えられませんが、怪我をしながらもトレーニングをし、痛みに耐えつつ試合に出るのはスポーツ選手にとって日常茶飯事です。彼らはなぜ痛みに対してこのように強い忍耐力を持つことができたのでしょうか？　ある理論によると、試合会場では、選手は高度な緊張状態にあり、大脳が彼らの注意力をそらし、それにより痛みを直視しなくなるということです。しかも統計上のデータによると、運動のトレーニングは痛みに耐える力を向上させることに役立つことが分かっています。しかし、大脳がどのように痛覚の受容を調節するのか、トレーニングがその過程にどのような影響を与えているのかは、いずれもまだ模索と研究を待つ必要があります。

第2部分は問題用紙に印字された文章を朗読する問題です。何度も聞いて、正しく発音できるように練習しましょう。

4

問題文ピンイン

Yǒu gè rén yào chū tàng yuǎnmén, tā ràng péngyou bāngmáng zhàokàn tíngyuàn. Péngyou fāxiàn yuànzi lǐ
有 个 人 要 出 趟 远门，他 让 朋友 帮忙 照看 庭院。朋友 发现 院子 里

yǒu yì kē pòtǔérchū de cǎoyá, dàn tā bìng méiyǒu bádiào tā. Chūchūn shí, cǎoyá jiànjiàn zhǎng kāi, péngyou
有 一 棵 破土而出 的 草芽，但 他 并 没有 拔掉 它。初春 时，草芽 渐渐 长 开，朋友

fājué tā xiàng yělán. Dào le xiàtiān, nà cǎo kāihuā le, wǔ bàn de xiǎo huā sànfā chū yì gǔ yōuxiāng,
发觉 它 像 野兰。到 了 夏天，那 草 开花 了，五 瓣 的 小 花 散发 出 一 股 幽香，

huāxíng rú líndì lǐ de nàxiē lánhuā yíyàng, zhǐbúguò tā shì làhuángsè de. Péngyou dàizhe tā de yì duǒ
花形 如 林地 里 的 那些 兰花 一样，只不过 它 是 蜡黄色 的。朋友 带着 它 的 一 朵

huār hé jǐ piàn yèzi, xiàng yánjiū zhíwù de zhuānjiā qiúzhèng hòu dézhī, tā shì làlán——lánhuā de yí
花儿 和 几 片 叶子，向 研究 植物 的 专家 求证 后 得知，它 是 蜡兰——兰花 的 一

gè xīyǒu pǐnzhǒng, xǔduō rén qióngjìn yìshēng dōu hěn nán zhǎodào tā, rúguǒ zài chénglǐ de huāshì shàng, zhè
个 稀有 品种，许多 人 穷尽 一生 都 很 难 找到 它，如果 在 城里 的 花市 上，这

zhǒng làlán měizhū jiàzhí wàn yuán.
种 蜡兰 每株 价值 万 元。

Péngyou dǎ diànhuà gàozhī tíngyuàn zhǔrén zhè yì hǎo xiāoxi, tíngyuàn zhǔrén wǎnxī de shuō: "qíshí tā
朋友 打 电话 告知 庭院 主人 这 一 好 消息，庭院 主人 惋惜 地 说："其实 它

měinián dōu huì pòtǔérchū, zhǐbúguò wǒ yǐwéi tā shì pǔtōng de yěcǎo, suǒyǐ měicì cǎoyá gāng mào chūlái
每年 都 会 破土而出，只不过 我 以为 它 是 普通 的 野草，所以 每次 草芽 刚 冒 出来

shí jiù bèi wǒ bádiào le. Rúguǒ wǒ néng nàixīn de děng tā kāihuā, Zhè zhū làlán zǎo jiù bèi fāxiàn le."
时 就 被 我 拔掉 了。如果 我 能 耐心 地 等 它 开花，这 株 蜡兰 早 就 被 发现 了。"

問題文和訳

　ある人が遠出をしなくてはならなくなり、彼は友人に庭の世話を頼みました。友人は庭の土から草の芽が出てきていることに気づきましたが、彼はそれを抜きませんでした。初春のころなので、草の芽はだんだん成長していき、友人はこれが野生の蘭に似ていることに気づきました。夏になると、その草は花を咲かせ、5枚の花弁を持つ小さな花がかすかな香りを放ち、花の形は森林の中の蘭の花にそっくりでしたが、それはただ蝋のような黄色のものだけでした。友人はその花1輪と数枚の葉を持って、植物を研究している専門家に見てもらったところ、それは蝋蘭（和名：サクララン）――蘭の花の希少品種で、多くの人が一生かかってもなかなかお目にかかれず、もし街中の花市場だと、この種の蝋蘭は1株数万元の価値があるということが分かりました。

　友人が電話で庭の主にこの朗報を知らせると、庭の主は惜しそうに言いました。「実際それは毎年土から姿を現すが、私はそれが普通の野草にすぎないと思い込んでいたので、いつも草の芽が出てきた時に抜いてしまっていた。もし私が我慢強く花が咲くのを待っていたら、これが蝋蘭だととっくに分かっていただろうに。」

第3部分は問題用紙に印字された質問に対して答える問題です。解答例はあくまでも一例ですが参考にしてください。

5

（問題文和訳）

これまでに、あなたが最も記念すべき時だと思うのはいつのことですか？　ちょっと紹介してください。

（解答例）

Duì wǒ lái shuō zuì zhídé jìniàn de shíkè shì wǒ de sūnnǚ chūshēng de shíkè. Dìyī cì jiàndào
对 我 来 说 最 值得 纪念 的 时刻 是 我 的 孙女 出生 的 时刻。第一 次 见到
sūnnǚ shí de qíngjǐng, dào xiànzài wǒ hái jìyìyóuxīn. Sūnnǚ chūshēng qián, wǒ yìzhí zài chǎnfáng wài
孙女 时 的 情景，到 现在 我 还 记忆犹新。孙女 出生 前，我 一直 在 产房 外
zuòlìbùān de děngdài. Yòu jiāojí yòu jǐnzhāng de děng le yí gè duō xiǎoshí hòu, wǒ hǎoxiàng tīngdào le
坐立不安 地 等待。又 焦急 又 紧张 地 等 了 一 个 多 小时 后，我 好像 听到 了
yīngér de kūshēng. Guò le yíhuìr, yīshēng dǎkāi mén, bǎ sūnnǚ bàodào wǒ de miànqián, duì wǒ shuō:
婴儿 的 哭声。过 了 一会儿，医生 打开 门，把 孙女 抱到 我 的 面前，对 我 说：
"gōngxǐ nín, shì gè nǚháir, mǔnǚ píng'ān". Wǒ bènshǒubènjiǎo de jiēguo sūnnǚ, jìngjìng de kànzhe yǎnqián zhè
"恭喜 您，是 个 女孩儿，母女 平安"。我 笨手笨脚 地 接过 孙女，静静 地 看着 眼前 这
ge kě'ài de xiǎo shēngmìng, gǎnjué hěn jīdòng, hěn xìngfú. Wǒ bǎ tā bào zài huáilǐ, nàme xiǎo, nàme ruǎn.
个 可爱 的 小 生命，感觉 很 激动、很 幸福。我 把 她 抱 在 怀里，那么 小，那么 软。
Wǒ zài xīnlǐ duì tā shuō: Qīn'ài de bǎobèi, gǎnxiè nǐ de dàolái! Wǒmen yídìng huì hǎohǎo ài nǐ
我 在 心里 对 她 说："亲爱 的 宝贝，感谢 你 的 到来！ 我们 一定 会 好好 爱 你。"

（解答例和訳）

　私にとって最も記念すべき時は私の孫娘が生まれた時です。初めて孫娘を目にした時の情景は、今でも私の記憶に新しいです。孫娘が生まれるまで、私はずっと分娩室の外で居ても立っても居られない思いで待っておりました。気をもんだり緊張したりして1時間余り待ち続けた後、私は赤ん坊の泣き声を耳にしたような気がしました。しばらくすると、医者がドアを開けて、孫娘を抱いて私の目の前までやってきて、私に言ったのです。「おめでとうございます。女の子ですよ。母子ともに健康です。」私は慣れない手つきで孫娘を受け取り、そっと目の前のこのかわいらしい小さな命を見て、感激すると同時に幸せを感じました。私は彼女を胸に抱きました。なんと小さく、なんとやわらかいのでしょう。私は心の中で彼女に言いました。「可愛い赤ちゃん、生まれてきてくれてありがとう！　私たちは必ずあなたを大事にするからね。」

6

試験の成績は1人の人の能力を測る基準であると考える人がいますが、あなたは賛成しますか？
あなたの考えを話してください。

解答例

Wǒ bú tài tóngyì zhèzhǒng kànfǎ. Shǒuxiān, kǎoshì píngjià de shì duì xuéxí nèiróng de zhǎngwò chéngdù,
我 不 太 同意 这种 看法。首先，考试 评价 的 是 对 学习 内容 的 掌握 程度，
yìbān qíngkuàng xià, zhēnduì de shì nénggòu zài jiào duǎn shíjiān nèi zuòchū píngjià, bìngqiě yǒu bǐjiào kèguān de
一般 情况 下，针对 的 是 能够 在 较 短 时间 内 做出 评价，并且 有 比较 客观 的
píngjià biāozhǔn de nèiróng. Dànshì dàduōshù nénglì xūyào jīngguò xiāngduì jiàocháng shíjiān de shíjiàn cái kěyǐ
评价 标准 的 内容。但是 大多数 能力 需要 经过 相对 较长 时间 的 实践 才 可以
tǐxiàn chūlái, érqiě nányǐ liànghuà chū kèguān píngjià biāozhǔn, lìrú chuàngxīn nénglì, rénjì jiāowǎng nénglì、
体现 出来，而且 难以 量化 出 客观 评价 标准，例如 创新 能力、人际 交往 能力、
tuánduì xiézuò nénglì děng. Qícì, zài liǎojiě le chūtí qīngxiàng, kǎoshì zhòngdiǎn tíxíng hòu, hěn yǒu kěnéng
团队 协作 能力 等。其次，在 了解 了 出题 倾向、考试 重点 题型 后，很 有 可能
tōngguò duǎnqī jíxùn tígāo kǎoshì chéngjì; dànshì nénglì de tígāo què xūyào jīngguò chángqī de jīléi. Zuìhòu,
通过 短期 集训 提高 考试 成绩；但是 能力 的 提高 却 需要 经过 长期 的 积累。最后，
shòu shēntǐ zhuàngkuàng、 línchǎng fāhuī děng yīnsù de yǐngxiǎng, jíshǐ shì tóngyàng de kǎoshì, yě kěnéng
受 身体 状况、临场 发挥 等 因素 的 影响，即使 是 同样 的 考试，也 可能
yīnwèi kǎoshì shíqī bùtóng, chūxiàn jiào dà de chéngjì chāyì. Suǒyǐ, wǒ rènwéi bǎ kǎoshì chéngjì zuòwéi héngliáng
因为 考试 时期 不同，出现 较 大 的 成绩 差异。所以，我 认为 把 考试 成绩 作为 衡量
nénglì de biāozhǔn bú tài tuǒdàng.
能力 的 标准 不 太 妥当。

解答例和訳

私はこういった考え方にあまり賛成できません。まず、試験が評価するのは学習内容の理解度
であり、一般的には、比較的短い時間内で評価でき、しかもやや客観的な評価基準のある内容
に焦点を合わせています。しかし大多数の能力は比較的長期間の実践を通してようやく発揮できる
ようになるものであり、しかも客観的な評価基準を数値化するのは困難です。例えばイノベーショ
ン能力、コミュニケーション力、チームワーク力などがそうです。次に、出題傾向や試験の主要な
出題形式を把握すれば、短期集中訓練により試験の成績を上げることができるかもしれません。
しかし能力のレベルアップはより長期的な積み重ねが必要です。最後に、健康状態や本番での力
の発揮具合といった要素の影響で、たとえ同じ試験だったとしても、受験の時期によってやや大き
い成績の差が出てくるかもしれません。したがって、私は試験の成績を能力判定の基準とすること
はあまり適切ではないと考えます。

你好！你叫什么名字？ （10秒）

你是哪国人？ （10秒）

你的序号是多少？ （10秒）

好，现在开始第1到3题。每题你会听到一段话，请在"嘀"声后复述这段话。现在开始第1题。

1.（2分钟）

老人在小区里散步，有个人问他："我想搬来这儿住，这里的邻居好吗？"老人问："你现在的邻居好吗？"那个人便开始抱怨。老人说："你一定不会喜欢这里的邻居。"没多久，又有人问了老人同样的问题，老人也问了他。当听到那个人夸赞自己的邻居时，老人说："你一定会喜欢这里的邻居。"

2.（2分钟）

旅行的意义，不在于坐多么高级的交通工具、住多么豪华的酒店、吃多么丰盛的食物，而在于旅途中能碰到不同的人、听到各种有趣的故事、看到让人惊叹不已的景色。通过旅行，我们能开阔视野，能更深刻地了解这个世界，从而以更好的状态投入到新的生活中去。

3.（2分钟）

我们一旦受伤便疼痛难耐，但带伤训练、忍痛比赛却是运动员的家常便饭。他们为何能有如此强的疼痛忍耐力？有理论认为，在赛场上，运动员高度紧张，大脑会促使他们转移注意力从而忽视疼痛。而且统计数据表明，运动训练有助于提高人忍受疼痛的能力。不过，大脑是如何调节痛觉感受、训练又是怎样影响这种过程，都还有待探索和研究。

好，现在开始准备第4到6题，可以在试卷上写提纲，准备时间为10分钟。

准备时间结束。现在开始朗读第4题。（2分钟）

第4题结束。现在开始回答第5题。（2.5分钟）

第5题结束。现在开始回答第6题。（2.5分钟）

好，考试现在结束，谢谢你！

高級 第5回

141

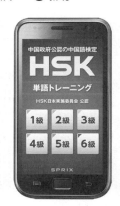

深圳大学 東京校 3つの特徴

特徴 1

日本にいながらにして中国有名総合大学の学士を取得

日本にいながらにして中国四大都市の一つで、アジアのシリコンバレーと呼ばれる深圳の有名総合大学の深圳大学の学士を取得可能です。中国の大学の学士となりますが、日本の大学の学士とほぼ違いはなく、本学で学士取得後、日本国内の大学院への進学や、他大学との単位交換なども可能です。　＊文部科学省へ外国大学等の日本校としての指定を申請中（2023年4月現在）

∴ PICK UP! ∴　**深圳大学は、世界大学ランキングでも高い評価を得ています**

比較　**U.S.News大学ランキング**

200位以上の差！

深圳大学
世界で
271位

500

600

—— 日本のトップ私立大学

特徴 2

中国語プラスαの能力を身につけることが可能

深圳大学現地から派遣された中国人講師が初心者にもわかる中国語を直接授業。副専攻として、経営管理やイノベーションなどについて学ぶ経営学、プログラミング、クラウド管理等を学ぶ情報コミュニケーション学を選択可能。中国語だけでなく、＋αの実践的な能力を身につけた、中国語人材の中でも競争力のある人材を育成します。

特徴 3

HSK保持者に対する豊富な奨学金、最短2年で卒業可能

HSK保持者には最大24万円の奨学金がでます。また、HSK上位級の早期取得且つ成績優秀者は飛び級が可能で、最短2年で卒業できます。

深圳大学 東京校　卒業後の進路

深圳大学 東京校で中国語をマスターすれば、中国系企業への就職や大学院進学など、中国語を活かしたさまざまな進路を目指すことができます。
1. 観光、貿易、金融、IT業界等の日系企業や今後増えていく中国系企業への就職
2. 中国系グローバル企業への就職
3. 深圳大学大学院（中国語文学／経営学専攻／金融IT専攻）への進学

本書は、株式会社スプリックスが中国教育部中外語言交流合作中心の許諾に基づき、翻訳・解説を行ったものです。日本における日本語版の出版の権利は株式会社スプリックスが保有します。

中国語検定 HSK公式過去問集 口試 ［2021年度版］

2021 年 12 月 10 日　　初版　第 1 刷 発行
2023 年 11 月 20 日　　初版　第 2 刷 発行

著　　　　　者：問題文・問題音声　中国教育部中外語言交流合作中心
　　　　　　　　翻訳・解説・解答例音声　株式会社スプリックス
編　　　　　者：株式会社スプリックス
発　行　　者：常石 博之
Ｄ　Ｔ　Ｐ：株式会社インターブックス
印 刷・製 本：広研印刷株式会社
発　行　　所：株式会社スプリックス
　　　　　　　　〒171-0021　東京都豊島区西池袋1-11-1
　　　　　　　　　　　　　　　メトロポリタンプラザビル 12F
　　　　　　　　TEL 03 (5927) 1684　　FAX 03 (5927) 1691　　Email ch-edu@sprix.jp

落丁・乱丁本については、送料小社負担にてお取り替えいたします。

SPRIX Inc. Printed in Japan　　ISBN978-4-906725-52-6

HSK日本実施委員会 公認

SPRIX